你可以影响任何人

POWER, FOR ALL

How It Really Works and
Why It's Everyone's Business

如何有效地获得权力，影响他人

[法] 朱莉·巴蒂拉娜 Julie Battilana
[意] 蒂齐亚娜·卡斯恰罗 Tiziana Casciaro — 著
赵坤 _ 译

浙江人民出版社

图书在版编目（CIP）数据

你可以影响任何人 /（法）朱莉·巴蒂拉娜，（意）蒂齐亚娜·卡斯恰罗著；赵坤译. -- 杭州：浙江人民出版社，2024.4

ISBN 978-7-213-11192-1

Ⅰ.①你… Ⅱ.①朱… ②蒂… ③赵… Ⅲ.①人际关系学 Ⅳ.①C912.11

中国国家版本馆CIP数据核字（2023）第171161号

Copyright © 2022 by Julie Battilana and Tiziana Casciaro
Published by agreement with The Cheney Agency, through The Grayhawk Agency Ltd.

浙江省版权局
著作权合同登记章
图字：11-2023-121号

你可以影响任何人
NI KEYI YINGXIANG RENHE REN

[法] 朱莉·巴蒂拉娜　[意] 蒂齐亚娜·卡斯恰罗　著　赵坤　译

出版发行	浙江人民出版社（杭州市体育场路347号　邮编310006）
责任编辑	祝含瑶
责任校对	陈　春
封面设计	何家仪
电脑制版	书情文化
印　　刷	三河市中晟雅豪印务有限公司
开　　本	700毫米×980毫米　1/16
印　　张	16.25
字　　数	220千字
版　　次	2024年4月第1版
印　　次	2024年4月第1次印刷
书　　号	ISBN 978-7-213-11192-1
定　　价	59.00元

如发现印装质量问题，影响阅读，请与市场部联系调换。
质量投诉电话：010-82069336

前　言

理解权力，读懂影响力的底层逻辑

一整夜的狂风暴雨之后，牧羊人回到放牧的地方，找到了他的羊群，但眼前的一幕让他目瞪口呆。前一天还毫无异样的牧场的地面上，出现了一条裂缝，通向地下一个墓穴。好奇的牧羊人钻进地缝往下走去，发现墓室里有一尊黄铜做的骏马雕塑，铜马肚里有一具遗骸，遗骸上只有一枚金戒指。牧羊人把戒指放进自己的口袋里，然后离开了墓穴。很快，他发现这不是一枚普通的戒指。这是一枚魔戒，戴上它就能让自己隐身。凭着这个新发现的魔力，牧羊人迅速谋划并开始了一系列行动：他潜入了皇宫，诱骗了皇后，杀死了皇帝，进而控制了整个国家。

这个牧羊人的故事就是《盖吉斯之戒》（*The Ring of Gyges*），最早出现在公元前4世纪柏拉图（Platon）的《理想国》（*The Republic*）[1]中。这位希腊哲学家编撰的故事，抓住了人类的想象力，千百年来经久不衰。除此之外，还有一个隐身戒指的故事，这个故事里的戒指拥有更加邪恶的力量。这个故事也有不小的成绩，竟有1500多页，深深吸引了读者的关注。这就是20世纪英国作家J.R.R.托尔金（J. R. R. Tolkien）的《霍比特人》（*The Hobbit*）与《魔戒》（*The Lord of the Rings*）。在他的故事里，至尊魔戒凭借着它的绝对权力，腐蚀了它的主人。

几千年来，人们一直在讲述盖吉斯之戒和指环王之类的故事。在一个中东的民间故事中，魔法师派阿拉丁（Aladin）潜入一个被施了魔法的洞穴，去取回里面的一盏油灯。而阿拉丁最后发现油灯里其实有一个能满足他愿望的精灵。在理查德·瓦格纳（Richard Wagner）的歌剧《尼伯龙根的指环》（*Der Ring Des Nibelungen*）中，阿尔伯里希（Alberich）拥有一顶魔法头盔，戴上它的人就拥有了变形和隐身的能力。而在21世纪初，数以百万计的读者对哈利·波特（Harry Potter）的传奇故事津津乐道。"哈利·波特"系列最后一部图书中，是以哈利·波特寻找死亡圣器为线索展开的。谁能够收齐那三件有魔力的圣器，谁就能成为掌控生死的死神。

很多人类文化中都有类似的故事：主角去寻找一件有魔法的宝物，这个宝物让他能够掌控自己的命运，战胜坏人。这些故事之所以如此吸引人，是因为它们有一个共同之处：本质上都是关于权力的故事。英雄和坏蛋为了争夺魔法宝物展开搏斗、厮杀。获得宝物的人不但能够掌握自己的财富，还能控制他人的行为。毕竟，这就是权力的本质：一种影响他人行为的能力，无论是通过说服还是强迫。

对权力的误解，让我们无法运用权力

　　这些故事之所以经久不衰，是因为我们对权力的迷恋。它让我们孜孜不倦地读书，目不转睛地盯着新闻，沉迷于电影和电视剧之中。权力是世界上被谈论最多的话题之一，或许也是被写得最多的主题，这是因为它是我们生活中固有的一部分。从我们的私人关系到工作中的争执，甚至到国际大外交和商业大交易的最高层，权力无处不在。

　　我们研究和教授权力这门学科已经有 20 年了。我们逐渐意识到，尽管权力无处不在——或者可能正是这个原因，使它仍然被极大地误解。每年秋天，当学生们蜂拥进入哈佛大学和多伦多大学的教室时，他们都在寻找一系列同类问题的答案：我该如何获得并保持权力？为什么我被晋升了，却没有感觉自己更有权力？我怎样才能说服人们改变呢？为什么反抗骂人的老板这么难？当我拥有权力时，如何确保自己不会滥用权力？

　　他们担忧世界上不好的事情在他们周围发生，也想知道自己是否拥有改变世界的潜力。特别是在过去的几年里，总是有人问我们："为什么我觉得世界会在我们面前爆炸，但我束手无策，无法阻止？"

　　不仅仅在教室里人们会向我们提出如此令人备感压力的问题，我们在世界各地开展研究和咨询工作时，在各个年龄和背景的人中都听到过类似的担忧。其中有十几岁的青少年，也有 90 多岁的老人；有受过高等教育的学者，也有从未上过学的人。所有这些课堂内外的接触，给了我们一个独特的窗口，使我们能够观察到不同地方的人会如何应对权力。这些地方包括巴西里约热内卢内城里的公立医院、法国巴黎陈设齐全的法国前总统的办公室、美国纽约蓬勃发展的社会组织企业孵化器等。

尽管他们的差异巨大，但我们遇到的和共事过的人对权力的看法都是相似的。在大多数情况下，他们关心的是如何提高自己的生活水平，而且往往也会关心如何改善他人的生活。他们想更多地掌控自己所处的周边环境，希望环境有所改变。这里所说的周边环境包括与他们亲近的家人、他们的工作、他们的圈子和社会交往。然而他们发现，通往目标实现的道路是崎岖的。他们每一次成功的背后，都有着艰苦挣扎和痛苦失败的故事。凭直觉，他们知道权力是他们实现目标的关键。但是，能够认识到权力正在发挥作用、理解它是如何运作的，却完全是另一码事。这就引出了人们的第二个共同点：大多数人对权力都有着根深蒂固的误解。特别是有三个错误的观点，妨碍了许多人正确地掌握权力，并最终导致他们无法运用权力。下面，我们来看一下这三个谬论。

关于权力的三个谬论

第一个谬论是，权力是你所拥有的东西。一些幸运的人有某些特质，这些特质让他们能够轻松地获得权力。按照这个理论，如果拥有这些特质，能够找到获得这些特质的方法，你就可以永久地掌控权力。这些所谓的特质与史诗和神话故事中出现的魔法宝物没有本质上的区别。因此，有人渴望知道"理想的特质"是什么，也就不足为奇了。但是，想一想你自己生活中的人际关系，你就会明白：你可能认为自己对某些人有更强的控制力，然而大多数时候，你自身带着的却都是与别人相同的潜在特质和能力。虽然在某些情况下，个人特质可能会是权力的来源，但你慢慢就会明白，寻找能让一个人永久拥有权力的特质，基本上都是在浪费时间。

第二个谬论是，权力是由地位决定的，只有国王和王后、总统和将军、董事会成员和首席执行官……这些富人和名人才有权力。将权威或职级误认为权力是很常见的错误，我们每年第一次上课时，都能听到这种观点。当我们让学生列出五个他们认为有权有势的人时，90%的情况下，他们列出的都是处于某种等级序列里最高位的人。然而，他们不知道的是，相当数量的企业高管和首席执行官也会来找我们求助，因为他们很难让他们的组织把一些事情执行到位。他们意识到，身处级别的顶端，并不能保证他们的团队完全按照他们的想法行事。从古希腊阿里斯托芬（Aristophanes）的戏剧到英国的巨蟒剧团（Monty Python）的小品，喜剧都是通过嘲笑权威人物——从皇帝到首领、从大臣到趾高气扬的老板，从而让观众捧腹大笑的。我们的分析将揭示为什么位居高位可能更好地赋予人地位，但不一定会给他们权力。

最后一个可能也是流传最广的谬论是，权力是肮脏的，获取和使用权力就必须操控、强迫和残忍。文学和电影作品中有很多可怕的例子，如莎士比亚笔下的麦克白夫人和伊阿古、"哈利·波特"系列中的伏地魔，以及美剧《纸牌屋》中的弗兰西斯·安德伍德（弗兰克）和克莱尔·安德伍德夫妇。我们无法对这样的角色视而不见，也无法忍受自己变成这些角色的样子。权力使我们着迷，同时又使我们感到厌恶。它就像火一样，会使人痴迷，但如果靠得太近，它就会把人吞噬。我们害怕权力让我们丢失理智、丧失原则。《盖吉斯之戒》中的牧羊人变成了一个善于操纵他人的杀人犯，而托尔金小说中的至尊魔戒则让佩戴者逐渐变得邪恶。

事实上，权力本身并无什么肮脏之处。虽然被权力腐蚀的可能性总是存在，但如果我们希望达到的目的是积极的，那么它的力量也同样可观。当一名上三年级的学生说服她的同学参加一场筹款活动，为一个关心残障儿童的非营利组织募资时，她正在创造性地使用权力。同样，一位经理说服公司的相关支持部门给他的团队提供所需的资源，以便更好地开展工作，也是如此。

这三个谬论对我们个人和集体而言，都是一种折磨。就个人而言，我们的困惑是挫折的主要来源，因为它极大地限制了我们控制自己的生活、影响他人和完成任务的能力。我们最终会觉得自己被工作场所的"政治"所摆布，被比我们自身更强大、谜一般的力量所左右。

从集体的角度而言，我们对权力的误解是灾难性的，因为这使我们无法发现、防止或制止威胁我们自由和福祉的权力滥用。我们会冒险——通常是无意识的——让我们共同的命运由一小撮人决定，而他们关心的可能只有他们自己的利益。历史给了我们无数暴君无视他人生命和自由的例子，然而独裁统治在世界各地仍然存在，剥夺了人们的基本人权。因为权力集中在少数人手中的风险总是存在，他们会为维护自己的特权而激烈斗争。

尽管这三个谬论根深蒂固，而且后果严重，但从我们的研究和教学经验中可以得知，权力真正的运作形态是可以教授的。无论是反抗邪恶还是积德行善，了解权力是如何运作的，以及如何获得和运用权力，都是至关重要的。为了向大家提供这些知识，我们踏上了本书写作的历程：我们想给你打开权力运作形态的钥匙，这样你就能更好地、全心全意地追求你在人际关系、工作场合、圈子社交中的目标。

看清权力的本质

在我们的课程结束时，我们会要求学生回顾他们之前被权力蒙住双眼的时刻，并用所学的知识来分析当时的情况。我们听到的故事里，有突然被解雇的震惊，有在竞选中因少几张选票而失败的沮丧，还有因在社区无法执行一项看起来所有人都支持的改进措施而带来的困惑。这些都是令人痛苦的难题，就像一名学生谈起之前从一家体育公司意外失业时所解释的："这种感觉就像我作为一部电影的主演，却对情节一无所知。"随着我们在整个课程中逐步揭穿这三个谬论，我们见证了学生如何慢慢发现权力中的阴谋。然后，回首往事，他们会意识到自己当时是如何误判了形势，如何将精力误投向错误的管理者或政客，并且发现了让自己止步不前的力量到底源自哪里。简而言之，他们终于看清了权力的本质。我们也想同样地帮到你。

掌握权力的动态不仅是我们追求个人目标的关键，同时也是有效参与塑造我们共同未来的关键。个人权力与集体权力密不可分，我们在个人生活中能够行使的权力——无论是在工作中还是在家里，是与统治我们的政治制度、赋能和约束我们的经济系统、随机和铁律并存的自然生物体系相互依存的。认为可以追求个人目标而不必考虑社会权力分配如何影响我们自身的权力，这种想法是愚蠢的。

在揭示我们生活中权力的运作方式时，我们可以看到，自我感觉上的强大或弱小，其心理表现和影响结果是真实和重要的。但是，对权力的精确分析不能局限于你自己的想法和感觉，还必须考虑到其他人：他们是谁，你与他们之间的关系，他们彼此之间的关系，以及这些关系背后更广泛的背景。

为此，我们将研究组织、社会以及人际关系中的权力变化。在此过程中，我们将从自己过往的研究中汲取观点，对权力进行三个层次的全面研究。同时，也会与其他学科交叉借鉴，包括社会学、社会和进化心理学、管理学、政治学、经济学、法律、历史和哲学等。在这个丰富的知识体系的基础上，我们将抽丝剥茧地向你展示权力的方方面面，以及它在历史和我们当今生活中的表现。

作为两位具有国际背景的女性学者（朱莉的故乡在法国，现在是法国和美国公民，而蒂齐亚娜在意大利长大，在美国生活多年，然后选择定居加拿大），她们敏锐地意识到，权力的表现和感知方式不仅因时代而迥异，而且也因文化、性别、种族和阶级存在差异。为了说明这些差异及其影响，她们对来自五大洲的 100 多人进行了访谈，这些人都是通过有趣而多样的途径获得权力的人。他们之中有成为社会企业家的巴西医生、波兰大屠杀的幸存者、孟加拉国警察、试图推动变革的美国商业顾问、世界著名的意大利时装设计师，以及尼日利亚社会活动家。你会在本书中听到他们的声音，他们的故事将帮助你揭示权力的运作方式，以及如何有效使用权力来产生影响。

500 多年前，尼可罗·马基雅维利（Niccolò Machiavelli）写下了《君主论》(*The Prince*)。这是一部具有里程碑意义的著作，至今仍为当权者和那些渴望权力的人所拜读——马基雅维利的书就是为他们写的。[2]但是，本书和《君主论》这样的著作有一个关键区别：本书不是专门为有权有势的人写的，而是为每个人准备的，包括那些过去没有权力，今天仍然被排除在权力之外的群体。他们长期被剥夺权力并不意味着他们不能拥有权力。权力可以属于所有人。

正如我们将向你展示的，在任何既定的场景下，我们都可以通过分析和识别特定的元素，从而准确识别谁拥有权力、谁没有权力。当你能够识别这些元素时，就像拥有了一副红外眼镜，它可以帮助你在黑暗中看清东西。你将能辨别自己周围的权力关系，无论是在家里、工作中，还是在你生命中涉及政治、经济和文化的场景中。这些元素一起构成了权力的基本要素，当权力被分解为基本要素时，我们就能分析出谁拥有权力以及为什么拥有。这个分析结果取决于需要回答的两个关键问题，仅有两个。我们将向你展示如何回答这两个问题。

我们将解释为什么尽管权力可以转手，但它在社会中的分配还是有黏性的，这使得我们中的一些人很容易获得、保持和巩固结构性优势，而其他人则明显处于劣势。但正如我们将向你展示的那样，当人们采取行动，联合起来与之斗争时，这些压迫性的等级制度就会被打破。新的数字技术有可能促进或者阻碍这种集体行动。在谨慎监管和明智使用的情况下，技术可以使处于弱势地位的人获得他们原本无法获得的资源。但如果放任不管，它就会导致权力更加集中。技术和权力一样，本质上没有好坏之分。它的性质取决于如何使用它，以及使用的目的。在这里，就像在其他领域一样，你会认识到，只有通过防止过度集中的机制来控制权力，并对掌权者进行问责，防止他们侵犯我们的权利和自由，权力最终才能为所有人服务。

　　我们已经走过了很长的一段路，才让越来越多的人拥有空间去过好自己的生活、追求自己的梦想，并帮助更多的人也获得这样的空间。千百年来，绝大多数人不得不忍受专制统治者的异想天开和漠然无视，这些统治者基于自己的利益和欲望做出各种决定。今天，我们可以通过投票来表达我们的观点，并决定我们想要的生活方式。这些进步归功于人们不懈的努力——他们之中有一些是名人，但大多数是无名的，他们清晰地表达了新思想，倡导建立一个更加公平的世界，虽然有人认为一些思想太过激进。然而，历史觉醒大潮下的世界仍有不足，国家在给予所有人平等的发言权方面仍然不完善，世界各地也依然普遍存在着社会和经济不平等的现象。

　　如果人类要作为一个物种生存和繁荣，彼此和睦相处，与环境和谐共生，我们就必须继承前人为了更公平地分配权力而奋斗的事业。从事这项工作既是道义上的责任，也是为了我们自身的利益，因为这是避免权力过度集中、保证个人和集体自由的唯一途径。可喜的是，我们并不是从零开始。正如我们将在本书中向你展示的那样，经过测试的想法和解决方案有可能让所有人都获得权力。

目 录

01
掌握权力的规则，人人都可以拥有权力 | 001

权力是由什么构成的 | 004
怎样从"无能为力"到赋予他人权力 | 006
权力的动态：谁拥有资源，谁就拥有权力 | 011
没有人能永远拥有权力 | 016

02
合理利用权力，帮你实现目标 | 021

权力的诱惑 | 024
拥有权力的人，道德感更低吗 | 029
权力与道德：第二十二条军规 | 032
如何拥有"好的权力"：同理心和谦逊心 | 034
如何让好人拥有权力 | 041
制定规则，抵抗"权力的诱惑" | 043

03

掌控需求，就等于掌握了权力 | 047

人类的两个基本需求：安全和自尊 | 050
如何满足人们的需求 | 053
如何发现别人到底想要什么 | 065
赢得人们的信任，发现他们的需求 | 070

04

谁控制着我们需要的资源 | 073

权力和权威不是一回事 | 077
谁职位高，谁就一定拥有权力吗 | 079
掌控关系，才能真正获得话语权 | 080
绘制权力地图，分析你所在组织的"权力结构" | 084
识别支持者、反对者和骑墙派 | 087
掌握两种权力模式：内部与外部人际网络 | 089
分析权力地图，避开"人际关系洼地" | 092
扩展你的人际网络 | 095
寻找共同点，与资源拥有者建立联系 | 100

05
打破权力制度:"弱者"也可以拥有影响力 | 103

权力的等级体系可以被改变 | 106
不要对"权威"唯命是从 | 108
摆脱权力的副作用:自私、行为倾向和逐利 | 111
打破自卑,勇敢迈出改变的第一步 | 113
讲故事为自己造势 | 114
摘掉有色眼镜,消除偏见 | 119
建立集体:"弱者"争取权力的有效方式 | 124

06
鼓动、创新与协调:普通人如何依靠集体争取权力 | 131

选择正确的时机与动机,采取行动 | 134
把握大众心理,为变革聚力 | 136
创新:跳出固有思维模式 | 142
科技为社会变革赋能 | 147

07

互联网背景下，个人如何把握权力"风向标" | 151

权力永恒的基础：控制有价值的新资源 | 154
普通人的逆袭：科技促进权力的再分配 | 156
新的挑战：数字革命影响了生活的方方面面 | 160
警惕大型科技公司的力量 | 166
现代技术把权力赋予了更多人 | 173

08

捍卫你的权力 | 177

防止权力滥用：让你的组织更多元化 | 181
完善企业问责机制：监督谁，为了什么？ | 187
社会权力分享：我们都有责任对权贵问责 | 196
贯穿我们终身发展的能力：学习与思考 | 200
让权力回归到普通民众手中 | 202

结论　每个人都可以是权力的拥有者 | 206

如何建立属于你自己的权力 | 207
获取有价值的资源，在权力分配中占据主动 | 209
掌握使用权力的智慧 | 210

附录　社会科学中的权力定义 | 212

致谢 | 219

注释 | 227

01

掌握权力的规则，
人人都可以拥有权力

2008 年，当我们在多伦多见到莉亚·格利马尼斯（Lia Grimanis）时，她穿着一件亮粉色的皮夹克，腋下还夹着一个摩托车头盔。她的衣着与她的座驾——艳粉色宝马 F650GS 摩托车极其相配。至少可以说，这位表现出色的技术销售主管是个令人瞩目的人物。但我们在那儿见面，要谈论的并不是什么高科技问题。莉亚当时热衷于创建一个民间组织，来帮助那些无家可归的妇女重新掌控自己的生活和未来。为什么她对此那么热衷？因为莉亚是从贫穷和无家可归的境地绝处逢生，然后获得成功，并得到了安全与稳定。现在，她想帮助其他女性踏上同样具有变革意义的旅程。

为了理解莉亚是如何完成这一非凡的壮举的，我们必须先来仔细分析权力是由什么组成的，以及是如何运作的。正如我们所定义的，权力是影响他人行为的能力，无论是通过说服还是强制的方式[1]。但是，是什么东西决定了这种能力？答案非常简单：使得一个人能够影响别人的决定性因素，就是这个人可以控制别人、决定别人是否能够获得他所珍视的资源。对这种控制的理解，是我们掌握权力动态的关键，无论是在你对别人有权力的

---

1 关于社会科学中对"权力"的定义，见附录。

情况下,还是在别人对你有权力的情况下。

权力是由什么构成的

要想控制别人,你必须先有点什么东西,或者拥有别人看重的东西。一个人需要或想要的任何东西都可以看作有价值的资源。资源可以是物质的,如金钱或干净的水、几英亩[1]肥沃的农田、一所房子,或一辆可以高速行驶的汽车。资源也可以是心理上的,如自尊、归属感和成就感。而且,我们将会明白,物质资源和心理资源并不是相互排斥的。

无论你能提供什么——你的专业知识、精力、金钱、业绩、智慧、人脉,这些都能让你拥有超越他人的力量,但唯一的前提是,他们需要你的这些东西。设想一下,父母承诺如果孩子能收拾好他凌乱的房间,就奖励给他一块饼干。但如果孩子不喜欢饼干,父母限制孩子去碰饼干罐也就没有多大用处。此外,你所提供的资源必须是他人不容易从其他渠道获得的。你是为数不多的能提供这种宝贵资源的人,还是说有很多人也能提供?你是从本质上控制住了对方对他们所看重资源的触达,还是这些资源其实来源广泛?如果孩子喜欢吃饼干,而且总是能从溺爱他的邻居的手里得到,那么父母拿饼干去激励他就不太管用了。

了解对方所看重的东西,以及他们是否有其他来源获得它们,就可以

---

[1] 英亩:1英亩约为4046.9平方米。

得知你有多大的权力。但这还不足以完全理解你们之间的力量平衡，你还必须考虑对方是否拥有你所珍视的东西，以及他们能在多大程度上控制你对这些东西的触达。控制他人的效果可能会出现巨大的差异，这取决于他们是否也反向控制着你。

权力总是相互关联的。在特定的情况下，对方是否对你有权力，而你也对他们拥有权力？如果答案是肯定的，你们就是相互依赖的。这时候，你就必须弄清楚当前双方的关系是不是平衡的。你们对彼此的控制力是相似的，还是有高有低？或者是因为你对对方的依赖多于对方对你的依赖（反之亦然），从而导致双方关系不平衡？

权力并不一定是零和游戏，权力的平衡会随着时间的推移而改变。正如你将会看到的，一方的获益并不一定是另一方的损失。但是，不管你是谁、住在哪里、从事什么样的工作，如图 1-1 所示，权力的基本要素都是

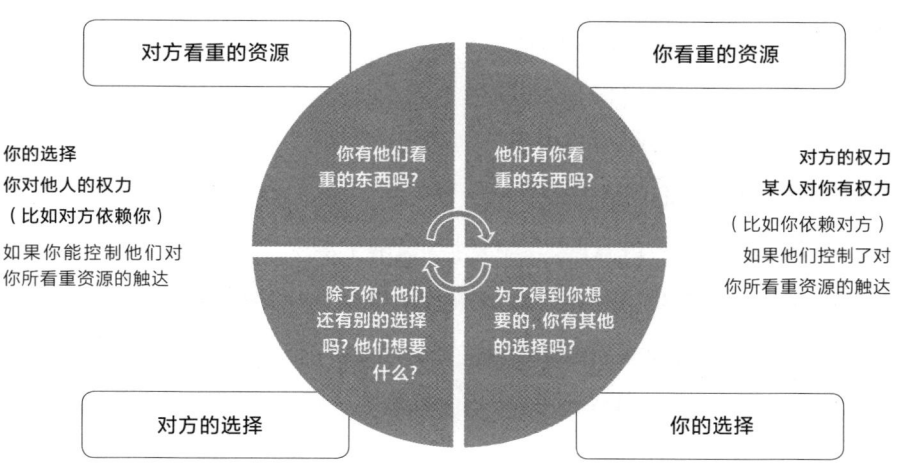

图 1-1 社会关系中权力的基础

相同的。想变得强大，你就需要提供有价值的资源。这些资源应该是你特有的、可以控制的，或者至少是别人难以获得的。这样，你对权力的掌控程度将取决于你自己的需求，以及对方对你所看重的东西有多大的控制力。为了说明这些基本原理，让我们回到莉亚的故事。

怎样从"无能为力"到赋予他人权力

16 岁时，莉亚无家可归了。因为她的祖母（家族里辈分最高的家长）去世后，家里的氛围变得很暴力，她只好逃离这个家庭。对莉亚而言，无家可归潜在的风险比别人更大一些，因为她有自闭倾向，而且她的症状（后来确诊为自闭症）表现为无法解读别人的面部表情，也无法理解别人的社交暗示。"这就像一个盲点，"她解释道，"就像你看不到火车驶来，直到被它撞倒。"

在经历了一段时间宅在家里上网和性虐创伤后，她终于在一个女性庇护所安顿了下来，但已经身心崩溃。那时候，她才 19 岁，甚至没想过自己能活到 21 岁。"有一段时间，"她说，"我脑子里唯一的问题就是：我还活着，还是已经死了？"[1] 她发现，那些已经离开庇护所的女人还是会不断地回来。这些女人看不到任何希望，似乎无家可归就是死路一条。没有任何成功的榜样让她们有理由相信生活能够改变，一切都是持续的痛苦折磨。

莉亚找到了新的动力，想让自己成为成功的榜样。她发誓，她要离开庇护所，然后带着自己的故事回来，这个故事会激励其他像她一样被抛弃的女性。在经历了10年的拮据生活和打零工——包括在多伦多风雨无阻、日复一日地拉了4年人力车度日之后,莉亚偶然遇到了"一个靠卖软件赚了90万美元的家伙"。[2]于是,她决定效仿这个人,去应聘她能找到的每一份软件销售工作,尽管这些工作都要求应聘者有学士学位,甚至最好是MBA学位。她回忆道,她被拒绝了无数次,但她的自闭症症状在拒绝面前反倒成了一种好事。"如果你不能猜透别人的想法,就不会感到尴尬,不会怀疑自己。我不知道这些人其实是在安静而礼貌地告诉我应该去跳湖,所以我还是一直打电话应聘。最终,我一定是把某人逼到极限了,他终于给了我一个机会。"[3]

从那时起,莉亚就疯狂地工作,用离开庇护所时许下的誓言来激励自己。短短几年之内,她所在的公司赚了很多钱。公司毫不犹豫地为她请了一位企业管理培训师,以每小时500美元的学费投入帮助她规划职业发展。这次培训给她带来了启示,当莉亚开始反思自己不再流落街头的价值时,建立一家名为"女性提升"(Up With Women)的慈善机构的念头就此产生了:她将成立这样一个慈善机构,把她所接受过的密集的、个性化的发展指导提供给无家可归的女性。然而,要做到这一点,她需要说服持证的培训师[4]为这个组织提供一年的无偿服务。莉亚很快就意识到,这意味着要求培训师贡献出他们所珍视的东西。

莉亚能够吸引第一批培训师的原因,与今天吸引大批"女性提升"志愿者和捐助者的原因是一样的:都是莉亚自己——她的激情和决心,她那令人惊叹的从悲哀、幸存直到成功的故事,以及以培训为核心、具有变革影响的慈善机构的使命。其他慈善机构可能会把培训作为其他服务的附属品,而对于"女性提升",培训师是最有价值的贡献者。莉亚向他们保证,他们的努力将改变一个人的生活。

然而,一开始的时候,每个人都很痛苦。那些习惯于与高管打交道的培训师,既没有工具,也没有经验,不知道怎样与这些被边缘化的受创女性打交道。莉亚也还没有想清楚如何挑选愿意接受指导并从中受益的女性。结果,接受培训的女性并不觉得辅导对她们有什么帮助。尽管培训师们全心全力想提供帮助,但他们并没有看到莉亚向他们承诺的变革性影响。因此,"最初几年招聘培训师真的很困难,"她告诉我们,"极其艰难。"[5]

资金也是一个挑战。2012 年,莉娅离开了她所在的公司,转而专注于"女性提升"的事业。她把自己的个人积蓄都投入"女性提升"事业来维持机构的运转,很快就花完了。没有足够的培训师、客户和好的结果,她就无法吸引新的投资者。"我盯着我银行账户上最后的 5000 美元想,我也许要告诉经营庇护所的合作方,他们可能需要给我腾个住的地方了!我真的以为我会再次无家可归。我为了挽救'女性提升'而倾家荡产。"

但是,莉亚当年拉过人力车,最多的时候一次拉过八个人,这段经历让她"超级坚强"。她想到了一个前无古人、后无来者的办法来解决"女性提升"遇到的资金问题:她创造了两项吉尼斯世界纪录——"100 英尺[1]距离最重拖车纪录(女性)"和"穿高跟鞋最重拖车纪录(女性)"。随后的宣传吸引了媒体、潜在的捐赠者和企业合作伙伴,捐款开始源源不断地到来。她的壮举给奋斗中的女性传递了一个强有力的信息:"你们比自己想象的更强大。"[6]

莉亚仍然需要找到一种办法,给她的培训师们提供他们需要的东西,

---

1 英尺:1 英尺约为 0.305 米。

并希望令他们"着迷"。尽管她自己也接受过培训，但她对培训流程知之甚少，也不知道从培训师的视角看，是什么让培训师与受训者关系和谐。不过幸运的是，有三位培训师也致力于实现这个愿景，并热忱地帮助她学习和招募新人。他们为她讲解一个有效的培训项目应该是什么样子的，然后和她一起创建了一个项目。对于未来会加入的新培训师，包括向他们提供应对这个最具挑战性的客户群体所需要的专业技能（如精通创伤疏导），而志愿者很少或根本没有这方面的专业背景。对潜在的客户进行筛选，包括建立筛选标准，确定下一步进行培训的女性。其中的一项标准是着重筛选出最近刚刚走出无家可归困境的女性，她们正在积极努力地重新站稳脚跟。在这种新方法的指导下，莉亚开始走访庇护所，从最能识别潜在受训者的工作人员那里获得人选推荐。

不久之后，"女性提升"运动蓬勃发展，培训师和受训的客户也越来越多。在培训师的帮助下，这些女性通过学习，发掘了自己改变的动机和力量，并找到了自己的工作岗位。培训师们不仅掌握了新的技能，还成为学习社区中的积极合作分子，而这是他们之前从未体验过的。正如其中一位培训师所说："这些受训的客户真的让培训师们的精力、思考维度和心境格局都更加宽广了。"莉亚在与培训师交谈时意识到，他们也很珍惜与志同道合的同事在同一个圈子里拓展专业能力的机会，珍惜与同事们的关系，并相互学习。因此，她通过采用定期的培训师会议和"导师—培训师"培养模式，让所有志愿者更容易加入这种学习，从而让他们越来越有掌控感和归属感。

她还聘请了评估专家来制定培训效果衡量标准，使培训师们能够对自己的工作结果有实际的感知——这种严格衡量的程度在企业界是不常见的，因为在企业界很少有人会系统地评估管理培训的投资回报率。[7]但是，对培训而言最重要的是什么，仍然是无法量化的。正如一位培训师所说："副总裁在企业内部得到晋升是一回事，如何看待一个女人跌入人生的低谷完全是另一回事。你怎么来衡量后者呢？"

莉亚完全依赖认证培训师来实现她的目标，她终于找到了培训师们最看重的东西：鼓舞人心的目标、变革性的影响、深度学习，以及志同道合的同事圈。随着时间的推移，她已经把"女性提升"机构打造成一个不可替代的组织，培训师们只有在这里才能同时获得上述所有宝贵的资源。这也难怪你找不到比他们更忠诚的志愿者了。

通过了解培训师的需求，以及在寻找如何让他们获得这些资源的方法的过程中，莉亚与培训师建立了一种相互依赖的关系。你可能会说，培训师和莉亚之间仍然是不平衡的——毕竟，如果没有他们，莉亚就无法实现她预想的目标。但是现在，她也有一些权力。不过，她并没有用权力强迫培训师，而是帮助他们指导女性。莉亚建立和发展的这一种权力关系，被先锋社会科学家玛丽·帕克·芙丽特（Mary Parker Follett）称为"权力共存"——"一种共同开发的权力"，用来"丰富和推动每个人的灵魂进步"。[8]

我们故意不举恺撒或拿破仑的例子来开始我们理解权力的旅程，因为我们想帮助你用不同的方式来看待权力。所以，我们带你了解了一个小众领域：无家可归的女性的庇护所。莉亚强大吗？绝对是的！她克服了重重困难，重新掌控了自己的生活，然后她能够利用足够的力量说服认证培训师加入"女性提升"计划，帮助其他女性重建她们的生活和职业生涯。尽管没有与生俱来的权力，但莉亚仍然为自己赢得了权力。而且，她还利用自己的权力给他人赋权。她的人生轨迹完美诠释了诺贝尔文学奖得主托妮·莫里森（Toni Morrison）曾教给学生们的一句话："如果你拥有某种权力，那么你的工作就是赋予其他人权力。"[9]

权力的动态：谁拥有资源，谁就拥有权力

莉亚的故事既展示了权力的基本元素之间的相互作用，也展示了这些元素如何随着时间的推移而重新获得平衡。无论在哪种双边关系中（各方看重的资源、各方是否都有替代方案获得这些资源），有四个基本元素定义了权力在双方之间的分配，这四个元素就是影响权力平衡的四个策略：吸引、联合、撤回、扩张（如图1-2所示）。[10]

这些策略一直沿用至今，适用于各种关系，包括你与家人、朋友和同

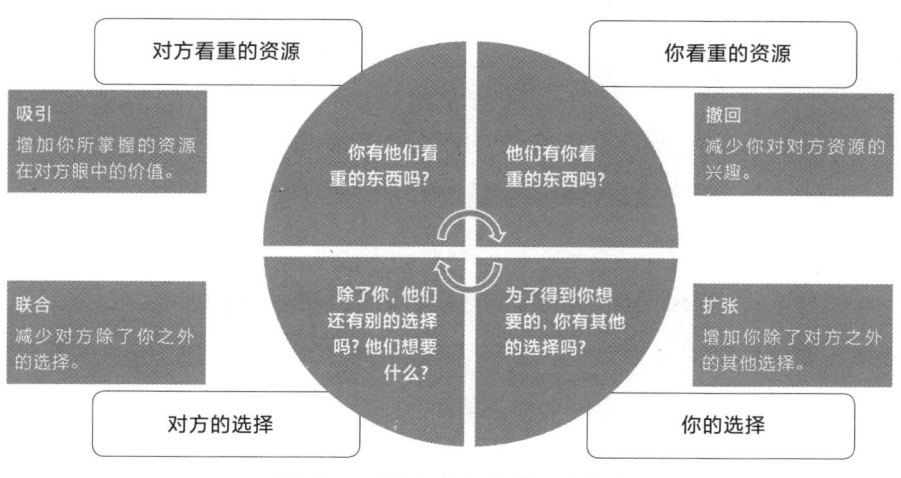

图1-2　改变权力平衡的四种方法

事之间的关系，以及组织、行业、民族和国家之间的关系。为了阐释这个道理，我们将把钻石行业作为我们的观察对象，以艾耶广告公司（N.W. Ayer）如何使用吸引策略推广钻石为例，看公司如何说服一代代新娘和新郎购买闪闪发光的钻石——这些钻石对他们而言，要比他们想象中更重要。我们会一步步仔细观察这个过程。

1938年，美国的经济大萧条断断续续开始好转。但随着希特勒进军奥地利，战争一触即发。许多家庭仍入不敷出、苦苦挣扎，人们对钻石也不怎么关心。当时，在美国出售的订婚戒指中，只有10%是钻石戒指。[11]全球最大钻石公司戴比尔斯联合矿业公司（De Beers Consolidated Mines Ltd.）的南非总裁哈里·奥本海默（Harry Oppenheimer）因此非常担心，他的投资人也很忧心。他们向奥本海默施压，要求他找到增加钻石市场需求的办法，以推高价格，让戴比尔斯公司获得更大的利润。

奥本海默希望广告营销能发挥作用，于是他前往纽约拜访了艾耶广告公司的高管。[12]艾耶广告公司设计的方案效果远超于面临的挑战：他们的广告方案的核心元素——将钻石与永恒的爱、成功和婚姻联系在一起，至今仍能在消费者中产生共鸣。艾耶广告公司邀请电影偶像和社会名流做广告来宣传钻石，并反复放大广告中的标志性口号"钻石恒久远"，最终达到了目的。不到三年，美国的钻石销量增长了55%。到1990年，80%的订婚戒指都已经是钻戒了。

销售人员和营销人员可能特别擅长将吸引力作为一种策略，但他们不是唯一这样做的人。吸引——或者说增加在他人眼中的资源价值——是实现权力再平衡最常用的举措之一。请回想一下莉亚的例子，伴随着新的专业技能和网络的发展、对变革性影响的承诺，以及获取新的专业技能和人际圈子，这些都吸引着培训师们加入"女性提升"，并且为之着迷。

一种吸引策略可以同时依赖于现实和感性认知。莉亚的培训师们对受训客户生活的影响是真实的：这些女性摆脱了贫困，给了孩子稳定的家庭，开始了职业生涯——这些无疑是实实在在的改变。但钻石的价值在很大程度上取决于感性认知。心理学家告诉我们，只需要通过简单的说服手段，就能够改变人们对资源价值的认知，哪怕某种资源的价值很容易进行客观评估，结果也是如此。

钻石就是一个很好的例子。切割方式、颜色、净度和克拉数决定了它们的品质，然而，经过对易贝（eBay）上 150 万次钻戒交易进行研究后发现，完全相同品质的钻戒，如果出售的原因"有污点"（如因为未婚夫不忠而出售），那么报价就会偏低。但如果出售的是一枚"有着幸福婚姻的阿姨"的钻戒，那么价格相对就较高。无论是真实的还是感知到的，增加别人在你提供的资源中看到的价值，是重新获取对你有利的权力平衡的重要策略。

但是，即使是有吸引力的资源，如果它可以从很多人那里获得，那么它带给你的权力也是有限的。在这种情况下，你可以通过减少替代方案数量的办法来增加对方对你的依赖，这样就需要与能提供相同资源的人进行联合。卡特尔企业联盟就是联合策略的一个例子，联盟的目的在于减少有价值资源的提供者的数量。这也是石油输出国组织（OPEC）自 20 世纪 60 年代成立以来增强石油出口国权力的办法。

这种方式最极端、最著名的表现就是垄断的权力。"垄断"（monopoly）这个词的词根是 monos 和 polein，在希腊语中分别是"单一"和"出售"的意思。换句话说，就是"你只能找我"。卡特尔企业联盟通常是拥有相同资源的供应商自愿结成的联盟。当联盟中的一家公司收购竞争对手、剥夺客户的替代选择时，联合战略就变成了强制性的。这就是反垄断法如此重要的原因：防止公司将过多的权力集中在自己手中。但是，无论是自愿的还是强制的，联合策略重新平衡了权力。这有利于资源的提供者，他们走到了一起，减少了另一方可能存在的选择。

钻石公司戴比尔斯就是一个例子。几十年来，戴比尔斯一直采用联合战略，以赢得对全球高品质钻石供应的控制权。为了加强对供应商的控制，戴比尔斯成立了一个中央销售组织，与钻石销售商签订独家合同。与此同时，戴比尔斯还为蒂芙尼（Tiffany & Co.）等世界顶级钻石购买方设立了专属俱乐部，从而增强对客户的影响力。到 20 世纪 80 年代，戴比尔斯已经控制了全球 80% 的原钻供应。如果你想从事钻石交易，那么除了戴比尔斯，几乎别无选择。

尽管企业里的工会组织看起来与戴比尔斯等垄断或准垄断企业不同，但它们也充分利用了联合策略。在与公司的博弈关系中，单个员工到底能有多大的权力？只要公司需要他通过工作来生产产品或提供服务，而且他受到了劳动法保护，那他肯定拥有一些权力。然而，他的权力是有限的，因为该公司可能会在内部或通过外部招聘找到他的接替者。这就造成了一种现实生活中的权力不对称，当有大量能够胜任工作的应聘者在寻找工作时，这种不对称就会更加严重。这种不对称会让单个工人难以保护自己的权利，这就是他们创建工会的原因。"工会"（union）一词的词根（unus，拉丁语中"一"的意思）提醒我们，通过成立工会，工人们可以成为一个群体。这样一来，如果工人与雇主就工作条件存在分歧，雇主也不会轻易替换某个工人。

吸引策略和联合策略都是为了增加对方对自己的依赖。相反，减少一方对另一方的依赖，就是扩张策略和撤退策略，是实现权力再平衡的另外两种方式。因此，撤退可以被认为是吸引的反作用力，扩张可以被认为是联合的反作用力。

撤退策略需要远离另一方提供的资源，变得对对方的资源不那么感兴趣。戴比尔斯和其他钻石销售商在21世纪初开始遇到挑战，原因是一部分消费者放弃了钻石。随着两性认知的演变，传统婚姻仪式遇到了挑战，结婚人数一直在减少。在过去几十年里，钻戒遭遇了激烈竞争，旅游、名牌手包、各种电子产品，都呈现出爆炸式增长。血钻——在战争地区开采并出售给军事叛乱分子的宝石，进一步玷污了钻石作为永恒爱情象征的纯洁名声。这些社会趋势削弱了戴比尔斯的影响力，从更大范围来看，削弱了整个钻石行业的影响力。一些分析人士发现，2000—2019年，钻石行业的销售增长率下降了60%。

但在下降趋势开始显现之前，戴比尔斯就已经在行业中失去了影响力，以至于到2019年，其在全球原钻市场的份额已经下降到大约30%。戴比尔斯的市场份额的变化，有一部分原因可归咎于它的客户——他们变得不那么依赖戴比尔斯了，因为他们能够找到戴比尔斯公司的替代者。另一部分原因可归咎于供货商的变化和竞争对手采取的战略举措：1991年苏联解体，削弱了戴比尔斯公司与俄罗斯供货商的合作关系，而加拿大开采了新的钻石矿，新创企业开始在实验室里使用新技术合成人造钻石。现在，供货商可以与买家直接进行价格谈判，买家对供应商有了更多的选择，这进一步削弱了戴比尔斯公司的权力。

与此同时，戴比尔斯公司陷入了反垄断诉讼，使其供货商和客户进一步增加了其他选项。这种扩张策略不仅会从根本上改变经贸交易中的力量平衡，也会从根本上改变日常生活中的力量平衡。请回想一下喜欢吃饼干的孩子有一个好客的邻居的例子吧。想剥夺父母对孩子的控制权，没有比给孩子一个能从外面获得饼干的机会更好的办法了！

总之，为了增加他人对你的依赖，你可以尝试提高他们对你所拥有资源的重视程度，或者可以试着成为唯一的资源提供者来增加对资源的控制。相反，为了减少你对另一方的依赖，你可以尝试降低你对他们掌控的资源的重视程度，或者通过寻找其他资源提供者来减少对他们的依赖。权力关系并不是固定不变的，而是随着时间的推移而演变的，因为各方都在动态地采取上述策略和行动。因此，正如戴比尔斯公司的兴衰所证明的，钻石可能是永恒的，但权力不是。这不仅适用于组织，也适用于我们每个人。即使是那些被我们看作权力化身的强权人物，他们也并不永久拥有权力。

没有人能永远拥有权力

对许多同时代的人而言，参议员林登·贝恩斯·约翰逊（Lyndon Baines Johnson）是20世纪50年代华盛顿最有权势的人。在约翰·F. 肯尼迪（John F. Kennedy）总统遇刺之后，他成为美国第36任总统。两年后，他凭借自己的实力，通过选举再次当选总统。这时候，他似乎正处在政治生涯的顶峰。他在任期内通过《民权法案》（*Civil Rights Acts*），推行减少贫困的"伟大社会"（Great Society）计划，成就引人注目。但他也推动了越南战争的升级,这破坏了他的形象。随着越来越多的军人被派往海外,全国各地的年轻人奋起抗议,反对战争的延续。约翰逊的形象在全国不再受到欢迎,以至于他最终宣布不再竞选连任。于是,他开始专注于在越南进行和平谈判。结果却无法如愿,最后是他的继任者结束了越南战争。

约翰逊之所以能登上权力的宝座,一般人认为,有部分原因在于他的个人特质:他身高近六英尺四英寸(约1.93米),几乎比其他所有参议员都高,他经常利用自己的身高威吓他们。然而,利用身高上的优势恐吓别人只是后来被称为"约翰逊态度"的一部分,当时一名记者将其描述为"一种令人难以置信的、强有力的组合,包括劝说、纠缠、奉承、威胁、提醒过去的好处和未来的优势"。但是,尽管他在总统任期结束时还是那么高,还能使用他标志性的"约翰逊态度",但这些都没能帮助他保住权力。那么,是什么让他在一开始能够拥有如此强大的权力?同时,为什么这不足以让他在总统任期内保有权力?

没有人比罗伯特·A. 卡罗(Robert A. Caro)花更多的时间来剖析约翰逊的权力运用了。他撰写的关于约翰逊的那部不朽传记,跟踪记录了约翰逊起起落落的每一步。值得注意的是,有一次在采访中,卡罗被问及约翰逊拥有哪些特质,他既没有提到约翰逊的个人身高,也没有提到"约翰逊态度"。相反,他指出,约翰逊拥有"创造政治权力的天赋"。根据卡罗的描述,约翰逊在参议院任职期间获取和行使权力的独特能力是基于:和大多数人相比,他更了解他的同事所看重的东西,并想方设法通过控制他们对这些东西的获取来使自己的影响力最大化。

1949年,约翰逊刚加入参议院时,特别注意观察其他参议员。正如卡罗所言:"他观察哪些参议员会走到其他参议员面前去交谈,哪些参议员会坐在自己的椅子上，等着其他参议员过来说话。当看到两位参议员在交谈时，他会观察两个人是不是平等对话。当看到几个参议员在一起交谈时，他会观察哪个人是主讲，哪些人在旁听。他悉心观察，无一遗漏。"约翰逊在与别人一对一谈话的时候，他的观察最有效。他有一种不可思议的能力，能读懂别人的心思，并养成了一种让对方不停说话的习惯，从中去发现谈话者真正想要的东西。然后，他会想办法控制对方，从而了解他们所求。对一些人来说，他们想要的是重要的委员会任命和令人垂涎的委员会席位。对另一些人来说，他们想要的是使他们支持的法案进入投票程序。而对其他一些人来说，他们想要的是去旅游和在高级餐厅享受。能够为同事提供他们需要和想要的东西，这种能力使他成为近100年来美国最有权力的参议员之一。

　　但是，当他成为总统之后，他的那些参议员同僚大多是像他一样的中老年白人，就不再是他唯一需要打交道的人了。当总统后，他必须与形形色色的美国公民以及包括越南领导人胡志明在内的外国首脑打交道。在约翰逊的任期内，美国对南越和北越内战的介入升级了。虽然越南战争涉及的地缘政治过于复杂，在此难以解释清楚，但导致战争升级的一个因素是，约翰逊相信自己可以与胡志明达成一项协议，就像他无数次在美国国会大厦大厅里所做的那样。但是，约翰逊所能提供的所有资源，比如慷慨的发展援助，都没能引起胡志明的兴趣。胡志明的目标是通过不懈努力建立一个共产党领导下的统一的越南。约翰逊的谈判框架过于脱离胡志明所坚定追求的文化、历史和意识形态根源。"约翰逊态度"在参议院屡试不爽，但在越南战争这件事上却毫无用处。这一次，他无法通过恐吓或哄骗获得胜利。

约翰逊不凡的人生轨迹生动地提示我们，从来没有人真正拥有权力，哪怕是我们周围看上去最有权力的人。帮助我们在某个环境中获得权力的个人技能或品质，实际上在另一个环境中会损害我们对权力的获取和保有。

那么，为什么有那么多人相信权力是一种个人财产呢？那是因为我们倾向于把权力个人化。在所有的编年史和历史传说中，某个"伟大的英雄"决定历史进程和普罗大众命运的描述屡见不鲜。20世纪70年代，心理学家李·罗斯（Lee Ross）创造了"基本归因错误"（fundamental attribution error）这个词。这个词专指我们错误地用某人的个人品质，而不是他所处的环境因素，来解释此人的行为。媒体、传记、电影等都让这种观念深入人心：一个伟人可以很自然地拥有权力，独自成就伟大。

这种误解是危险的。对于有权势的人来说，它会导致一种永恒、刀枪不入，甚至傲慢的错觉。正如谚语所说："骄傲是失败之母。"对于无权无势的人来说，有权力的人拥有他们无法企及的特性。这会让他们滋生消极情绪，认为自己无能为力，最终被困于无权无势的境地里。

一旦你理解了权力的基本原理，就很容易揭穿上面所说的谬论。权力的基本原理就是：没有人能永远拥有权力，因为一方对另一方的权力取决于对方的需求和欲望，以及这一方是否能控制对方对所求资源的触达。而另一方的权力，反过来取决于他们能够控制对方获取其看重资源的程度。因此，权力只存在于相互关系中。一般而言，没有人是永远强大的，也没有人是永远软弱的。权力是一种力量，关系中的双方可以通过它来影响对方的行为。就其本身而言，这种力量无好坏之分，我们每个人都应该学会利用它，以产生我们想要的影响。

02

合理利用权力，帮你实现目标

"隐藏好你的意图。"

"让别人替你做事，但一定要把功劳占为己有。"

"有选择地展现诚实和慷慨，让你的'受害者'放下武器。"

"装成朋友的样子，做间谍的工作。"[1]

这些都是罗伯特·格林（Robert Green）1998年首次出版的畅销书《权力的48条法则》(The 48 Laws of Power)中的建议。难怪人们会认为权力是肮脏的。你或许还记得尼可罗·马基雅维利16世纪的政治著作《君主论》中所说的："让人畏惧比让人爱戴安全得多。"

但我们忘记了，根据马基雅维利的说法，君主也应该"做事有节制，谨慎而又不失人道，因此过多的信任不会使人粗心大意，过多的不信任也不会使人无法忍受"。[2]那么，如果在马基雅维利的《君主论》中也有人性，为什么君主的残忍却是吸引我们的地方？因为人类总是善于记载消极事件，这使得我们更加关注消极的事件、事物和特征。相比积极的，我们对消极的反应更强烈。[3]

如果把权力完全描绘成剥削和操纵，就忽略了它的本质：权力既不体现内在的道德，也不体现内在的不道德。历史告诉我们，权力既可以用于高尚的目的，也可以用于卑劣的目的。它在我们手中是否会变得肮脏，取决于我们如何获取和持有它，以及我们使用它的目的。因此，我们每个人都面临着三种关于权力的道德决策：是否获取权力、如何获取权力以及如何使用权力。

获取权力意味着得到采取行动和影响改变的能力。用美国社区组织者和政治活动家索尔·阿林斯基（Saul Alinsky）的话来说："权力是最本质的东西，是生活的动力。"[4] 正如英国哲学家伯特兰·罗素（Bertrand Russell）所言，权力是"社会科学的基本概念……就像能量是物理学的基本概念一样"。[5] 即使这种能量可能被引向自私，有时甚至是邪恶的目的，但它也可以被引到超越自我利益的原则目标上。

事实上，权力对于追求上述目标是必不可少的。因为正如莉亚的故事告诉我们的，任何积极的改变都需要通过影响他人来进行。看清了权力本来的面目——一种控制有价值资源的力量，无论其本质上是道德的还是非道德的，我们都要敞开心扉且负责任地使用它。这一方面需要我们克服权力的精神麻醉作用；另一方面需要学会如何用好权力，避免滥用。

权力的诱惑

米莉安·莱克勒斯（Miriam Rykles）出生在维尔纽斯（Vilnius）——当时属于波兰，现在是立陶宛的一个城市。第二次世界大战时，她还是一个十几岁的少女，她是全家唯一在大屠杀中幸存下来的人。[6] 她在纳粹集中营里被囚禁了两年，对滥用权力的恐怖深有感触。她目睹了那些拥有完全不受约束的权力的人，是如何利用它来毁灭生命和所有让我们成为人类的东西。她的经历使她对任何形式的权力滥用都有了免疫，她永远不会被权力的快感所控制——至少她是这么认为的。

30多岁时，米莉安定居在了波士顿，在哈佛大学物理系担任行政助理。应表兄埃尔伍德的邀请，她到伦敦去拜访了他。在战争之前，埃尔伍德当过饭店的招待员，并饶有兴趣地研究过社会主义。之后，他成为一名律师，与来自好莱坞乃至世界各地的名人客户合作，赚取了数百万美元。他的世界与米莉安的世界完全不同，两个世界之间不仅隔着海洋，还隔着巨大的财富鸿沟。

在一个阳光明媚的周四的早晨，米莉安表兄的司机诺埃尔开着豪华轿车带她去参观了一天博物馆。他们的第一站是泰特美术馆。"诺埃尔把车停在了博物馆的门口，"米莉安回忆说，"然后他打开了车门。我从车里出来，看到人们伸长脖子想看从车里出来的是谁。我穿过人群，感觉，哦，他们认为我是一个重要人物！但不知怎的，这种感觉并没有渗透到我的心里去。我一个接一个地逛博物馆，玩得很开心。"这一天中唯一能让米莉安休息一会儿的，是停车午餐的时间。当她邀请司机诺埃尔一起吃时，他婉拒了。

夜幕降临时，天气变得寒冷起来。"我们开车经过特拉法加广场，"她告诉我们，"人们行色匆匆，身体发抖，试图躲避蒙蒙细雨。我望着车窗外，感到温暖、舒适，却对（行走的路人）漠不关心。我当时想，他们就是他们，我就是我。我在车里享受，他们在外面受冻。在那一刻，我觉得自己高人一等。"

米莉安的这次经历是被权力的舒适性捕获了，她那时对他人变得漠不关心。这种现象并不少见。回想这一段短暂的拥有特权的经历，米莉安解释道："我突然想到，当你出生在特权家庭，或者有过这么一小段拥有特权的经历，你就会一直回想那些感受。你甚至根本意识不到自己有这种感觉！我只在那样的环境里待了一天而已。有一天，我也会这么想吗？我坚信我的信念、我的正义感，我深知善与恶共存于我们所有人的心中，我深知必须遏制人性邪恶的一面，以保护文明社会。我很害怕，因为如果这样的事情仅仅因为一天的经历就能发生在我身上，那么任何事情都有可能发生，无论是对我还是对其他人。"

权力的"副作用"：自我关注和傲慢

历史证明，心理学家也证实，米莉安的感觉是对的：权力的体验会导致更少的同理心，减少对他人的尊重，带来更多自私的冲动和特权的感觉。[7]

在实验室里，行为心理学家已经展示了当一个人短暂拥有对他人的权力后，进行反思的影响。在一项研究中，实验者要求参与者想象自己是美国最有财富和声望的人，或是想象自己是最无财无权的人，然后在一个10级的梯级表上标出他们自己所处的位置。想象自己是这个国家最有权力的人会让参与者感到相对无力，并降低自我评估的等级。相比之下，想象自己是社会上最没有权力的人，会让参与者感觉自己相对拥有更大的权力，并且把自我评估的位置定得更高。

然后，参与者们接受了一个著名的测试——读心术。[8]测试的方法是要求受试者根据只显示上半边脸的人脸照片来辨别此人的情绪状态，以此来测试参与者的同理心水平。那些自我感觉地位高的人测试的准确率，明显低于那些自我感觉地位低的人。[9]拥有权力的经历使他们对别人的情绪不那么在意，也不那么敏感。

除了增加心理学家所说的"自我关注"，拥有权力的经历往往也会使人更加自信。拥有较高社会地位的感觉，会增加幸福感。[10]一些研究甚至表明，拥有权力的人往往对疼痛有更强的忍耐力，[11]在压力面前也会比其他人有更低的心率。[12]这种感觉会鼓励人们冒险，[13]在某些情况下，这是好事，但当一个人被傲慢蒙蔽双眼时，就危险了。

在古希腊的神话和悲剧中，大量提到了傲慢、过度的骄傲和自信的危险。古希腊人认为这是一种性格缺陷，严重到足以引起神的愤怒。[14]还记得希腊神话人物伊卡洛斯吗？他父亲代达罗斯用羽毛和蜡为他做了翅膀，帮助他逃离克里特岛。代达罗斯警告他不要飞得太低，以免羽毛被打湿而失去作用；也不要飞得太高，以免蜡被太阳融化。但伊卡洛斯已经被自己拥有新装备的快乐冲昏了头脑，"为挥动自己巨大的翅膀起飞感到兴奋"。[15]他不顾父亲的警告，飞得离太阳太近，结果蜡融化了，他掉进大海里淹死了。

哪个拥有权力的人会不被诱惑而飞得离太阳太近呢？拥有权力的经历给我们留下这样的印象：没有任何事物、任何人可以拒绝我们。社会心理学的实验表明，拥有权势者更倾向于抑制他人，并相信自己的行为能产生更大的影响力，而实际并非如此。在一次典型的研究中，一部分参与者被要求写下令他们自我感觉强大的场景，而另一部分人则写下令他们感到无力的场景。然后，研究人员给参与者一个骰子，告诉他们，如果他们能猜中掷骰子的结果，就会得到金钱奖励。研究人员还会询问他们是愿意自己来掷骰子，还是让研究人员来掷。每个写下自我感觉强大的经历的参与者都选择了自己掷骰子，而那些写下自己感到无力场景的参与者中，只有58%的人选择了自己掷骰子。

简单回忆一段拥有权力的经历，就会使我们大大高估自己的能力，甚至在掷骰子这种结果随机的事情上也是如此！如果仅仅回想了几分钟的权力体验，就会对我们造成这么大的影响，你能想象权力对占据高位多年的人的心理有多大的影响吗？

过去的30年里，大卫·葛根（David Gergen）在四位美国总统（尼克松、福特、里根和克林顿）麾下担任过重要的政府顾问。他比大多数人更明白有必要提醒掌权者：他们也是凡人。大卫告诉我们，在华盛顿工作时，他发现总统傲慢的情绪一次又一次地出现，尤其是在总统的第二次任期里，他们更倾向于相信自己是"宇宙的主宰"。弗朗索瓦·奥朗德（François Hollande）曾于2012—2017年担任法国总统，他在当选时就意识到了这种危险。回顾担任总统的那些年，他告诉我们，他面临的最大的挑战之一不仅仅是努力避免自己落入傲慢的陷阱（他承认这很困难），还要处理他所提名的其他人陷于傲慢的情况。

总统、政治家和他们任命的人并不是仅有的因为傲慢而改变自身行为的人。米莉安的经历提醒我们，任何拥有一定权力的人都有可能成为权力带来危险的牺牲品。你的权力越大，滥用权力的风险就越高。阿克顿勋爵（Lord Acton）在1887年写给曼德尔·克莱顿（Mandell Creighton，后来成为英国教会主教）的一封信中，谈及历史学家应该如何评判过去时写道："权力往往导致腐败，绝对的权力会导致绝对的腐败。"阿克顿勋爵认为道德标准不仅应该适用于每个人，还应该对权威人物特别严格。"我不能接受你的观点，我们不能对于教皇和国王采取与常人不同的预估，不能想当然地认为他们不会做错事。如果有任何预估的话，那就是要有约束掌权者的方式。权力越大，约束越大。"阿克顿勋爵在信中强调。

不受约束的绝对权力很可能导致绝对的腐败。有趣的是，当那些没有权力的人意识到这个陷阱时，他们会更倾向于认为权力是肮脏的，而那些拥有权力的人却很少这样认为，因为拥有权力的经历使人们不太可能感受到道德上的不纯洁。下面，让我们看看这是为什么。

拥有权力的人，道德感更低吗

你手边有笔和纸，或者手机吗？如果你有书写工具，请思考一下下面所列的单词，尽可能快地填上缺失的字母，组成英语单词。

W＿＿H
F＿O＿
SH＿＿ER
B＿＿K
S＿＿P
PA＿＿R

现在，看一看你写下的单词，数一数有多少与洁净有关。也许你写了"淋浴"（SHOWER），或"肥皂"（SOAP）？你的单词列表里有这样的词吗？两个还是三个？数量很重要，因为你刚刚完成的填单词任务表达了你无意识的道德不洁的感受。

这是正确的。道德心理学的研究表明，那些做出过不道德行为的人会表现出羞耻感。他们希望净化自己的身体，以摆脱他们行为中的道德污点。这种洗去罪孽的本能，在能够洞悉人性的人看来并不新鲜。比如，威廉·莎士比亚（William Shakespeare）曾让麦克白夫人（Lady Macbeth）大喊："抹掉该死的污点！我说，抹掉！"当她被指控犯有谋杀罪时，她强迫她的丈夫认罪。虽然她的手上并没有沾上真正的鲜血，但她仍然强烈地感觉到了点点血迹。

并不是只有纵容了谋杀行为，你才会有道德上的不纯洁感，才会用诸如"洗涤"（WASH）、"淋浴"（SHOWER）和"肥皂"（SOAP）之类的词来填空，而不用一些中性的单词，如"愿望"（WISH）、"混合器"（SHAKER）或"台阶"（STEP）。这一章所聚焦的，是对权力的肮脏进行感知。这可能足以使你填单词时在脑海中召唤出与清洁有关的词语，因为这并不会让我们感觉到道德上的不安。

通过多项实验室里和现场的研究，我们发现，当要求参与者回忆通过社交来提高职业和工作表现的经历时，相比回忆通过社交来结交新朋友的经历，数百名参与研究的职场人士想出了更多与清洁有关的词语。利他行为的道德价值可以解释其中的原因。当我们为了友谊建立社交网络时，我们很容易感受到利他主义，因为这种社交的目的就是要建立一种相互支持的关系。相比之下，当我们因为职业的原因而建立人际关系时，我们通常是为了获得宝贵的资源，如信息、工作机会或从他人那里获得可以带来利润的新客户。我们社交网络背后的自私意图让我们感觉到道德上的疑惑——这种感觉通常都是无意识的。

但是，也有例外，在我们所有的研究中，那些自我感觉很强大的人，他们在职业关系中，最不容易感到道德的"肮脏"，即使他们有关言行的明确目的就是获取他人的资源。从定义上来说，强大意味着能够控制别人看重的资源。因此，那些感觉自己有权力的人更有可能问心无愧地建立人际关系网。因为他们知道，把自己控制的资源提供给别人，可以让别人受益。当这是一条双向的道路时——至少在他们看来是这样的，他们所在的人际网络里就不会存在资源压榨的阴影了。

这并不意味着有权有势的人总是互惠互利的，也不是说从别人那里获得资源时，他们总是慷慨地拿自己的资源作为回报。至少在某些时候，我们都会表现得很自私。但权贵们可以更容易地证明他们的关系网是正当的，他们是无私的、有道德的，因为他们有潜在的价值可以提供给别人。

因此，权力解放了我们，使我们能够寻找获得宝贵资源的途径，而不会因为觉得自己自私自利而引起道德上的不安。我们对北美一家大型律师事务所的专业人员进行了调查研究，从他们身上清楚地看到了这种效应。我们发现，通过人际关系网提升团队能力、与客户分享集体专业知识的律师，比通过人际关系网络谋求个人升职和成功的律师，自我感觉更"干净"，因为这些以集体为导向的律师并不觉得自己的职业关系网"肮脏"。他们在关系网中的联系更加频繁，获得了更多的客户，从而证实了它的有效性。

不过，这个推断有一个缺陷。最频繁使用关系网的一般是律师事务所里的高级别律师，而使用最少的——那些觉得靠钻营关系来获得客户的行为十分可耻的——往往是初级律师，他们最没有权势，最需要关系网，但也发现自己无法提供有价值的交换资源。我们从中可以发现，这种现象很容易使得现有的权力等级制度稳定地延续下去，因为那些最有权力的人会若无其事地利用自己的权力来获得更多权力，而最没有权力的人则最难找寻到他们所需的资源。

权力与道德：第二十二条军规

想在没有权力的情况下对世界产生影响，就像在没有能源的情况下发电一样。这是不可能的。然而，正如我们所看到的，掌握权力会让我们更加自恋和傲慢——即使有时候我们认为自己使用权力的目的是造福他人。这是否意味着，不丧失道德准则就不可能获得和使用权力？这是薇拉·科代罗医生（Dr. Vera Cordeiro）所面临的"第二十二条军规"。她在里约热内卢人满为患的拉戈阿公立医院（Lagoa Public Hospital）工作，负责照顾医院里的贫困妇女和儿童。

随着年轻的病人们在医院里进进出出，薇拉的愤怒与日俱增。巴西的私立医院为那些拥有稳定工作、健康卫生条件和正常饮食的巴西人提供服务，许多在私立医院里容易治愈的疾病，对于薇拉所在的公立医院里的许多病人而言，却是死刑。1991年，她成立了一个非营利组织"儿童健康协会"（现在的达拉研究所）。通过运用创新手段，她多管齐下，打破了这个医疗循环：该组织不只为贫困的患儿提供医疗服务，还支持患儿家庭的重建，为患儿的父母提供职业培训，并关照患儿家庭成员的健康。

资助这些活动并不容易。一开始，薇拉用抽奖拍卖的方式出售家中的个人物品，并且主要依靠家人和朋友的捐款支持来开展活动。但这无法让她走得太远。随着全职员工的增多，薇拉意识到她不能再逃避了，必须向有钱有势的人寻求支持。在她看来，权力就是穿梭在里约热内卢棚户区的时髦汽车，以及在国外享受奢华假期的政客——简而言之，就是贪婪和腐败。她不是依附权势的人，不想和他们沾上任何关系。但如果薇拉想维持和扩大她的非政府组织的影响力，就不能回避权力。从那时起，她和团队开始设法努力吸引私人捐赠者、政府当局和公众的注意力。不仅在巴西，他们与全球的社会企业家圈子和媒体的接触也大幅度增加。随之而来的是各方对薇拉的赞誉，她的组织也成为巴西最受尊敬的非政府组织之一。到2016年，薇拉的组织已经为7万多人提供了直接帮助。

在这个过程中，薇拉发现自己已经能更加自如地应对权力了。她不再为与有权势的人打交道而感到担心，她意识到自己已经建立起了一个强大的权力基础。她在国内外都有很好的人脉，经常在达沃斯世界经济论坛（World Economic Forum）等知名国际会议上演讲。在那里，她可以结识新的潜在资助者。

与此同时，她开始从员工和家人那里得到一些新的、意想不到的反馈：同事们告诉她，她总是打断他们，不让他们在会议上充分表达自己的想法；她已成年的女儿质疑她为什么如此热衷地出席各种颁奖典礼和公共活动。他们的评论使她停下来，开始思考。她是不是变成了那种通过谋求更大的权力来提升自己的名誉、攫取利益的人呢？

曾经对权力保持警惕并不能保证你就不会滥用它。薇拉是一位社会企业家，她毕生致力于解决贫困的根源问题。她最初回避权力，但拥有权力的经历可能改变了她。这再次提醒我们，我们都容易受到权力的醉人影响。我们面临的挑战是找到一种平衡的关系，既要避免权力带来的肮脏束缚，又要防止傲慢和对他人漠不关心。这种平衡取决于个人发展目标和结构化的设计——在我们行使权力的情境下事物的运作方式。来自社会科学、神经科学和哲学的洞见，可以指导我们解决上述两个维度的问题。

如何拥有"好的权力"：同理心和谦逊心

平衡的权力关系不可能在一夜之间建立，尤其是因为在这个过程中，是我们的情绪，而不仅仅是思想在发挥作用。如我们所见，首先，我们要从"权力是肮脏的"这一论断中解放出来，理解权力是一种潜在的、能产生变革的能量来源。其次，要认识到自己拥有可以向别人提供的宝贵的资源——这些资源可以是一种增进他人福祉的力量。理解了这两点，我们就可以把权力作为一种友善的力量进行运用。

研究发现，在建立权力基础的过程中，专注于利他主义和集体利益的人会感到更有价值，也更有可能有更好的表现。但这并不是没有陷阱的，风险在于，我们需要说服自己，我们的动机和行为是纯粹的、有道德的，它们超越了我们自身的利益，但实际上并非如此。正如薇拉发现的那样，即便是为了一个好的目的而与权力打交道，也仍然会让我们容易变得过于自我和傲慢。但是，我们可以通过培养同理心（自我的解药）和谦逊心（傲慢的解药）来战胜这些随着权力的积累而带来的挑战。

同理心的培养

作为英国王室成员，威尔士王妃戴安娜在她短暂的一生中打破了许多常规，其中最不寻常的莫过于她养育儿子威廉和哈里的方式。她在公开场合对孩子们表现出喜爱之情，在公务旅行中也坚持带着孩子们。与通常保守的英国王室相比，她是一位更能体现温暖的母亲。她打破常规不仅体现在与王子们的互动上，她还决心培养他们的同理心，并采用了没有先例的方法。她带他们去看望处境极其艰难的人，比如艾滋病患者。当被问及为什么这么做时，她回答道："我想让他们理解人们的情感、不安、苦恼、希望和梦想。"

戴安娜王妃采取的方法是基于这种认知：定期让孩子们接触不同于他们自己的生活，能使他们有机会从情感上理解他人、体会他人的感受，以此培养他们的同理心。神经科学和心理学理论都支持戴安娜王妃的这种方法。这种方法如果坚持在成年人身上使用，也可以培养成年人的同理心。

神经科学已经证明，我们的大脑是一个动态的系统，能够不断变化来适应我们所受到的外部环境刺激。关于同理心的开创性心理学研究，与上述关于大脑可塑性的发现是一致的。研究表明，一个人的同理心不是与生俱来的固定特质，而是一种技能，一种我们都可以建立和加强的能力。增强同理心的干预方法非常简单。在实验室里，让参与者读一个某人生病的故事，并想象疾病是如何打击此人的生活的，这就足够了。这能够让参与者不仅对故事中的人物产生很多共鸣，还会对所有遭受同样病痛折磨的人产生共鸣。如果我们可以通过沉浸式的虚拟现实技术更加生动地体验他们的经历，而不是仅仅阅读有关某人的信息，那么这个身临其境的虚拟现实环境将极大地增加我们对这个人的同情。

科学干预并不是培养同理心的唯一途径。嵌入别人的现实中越深，产生的共鸣就越深：从基层成长起来的部门经理会更加欣赏一线人员和蓝领工人的贡献；相比之下，那些热衷于与客户和投资人应酬的部门经理，则远没有这种对一线员工的欣赏。一个来自富裕家庭的大学生如果在暑期去快餐店打工，就会知道位于企业等级制度的最底层意味着什么，以及人们靠最低工资生活有多么艰难。银行高管如果在市中心的学校或当地的无家可归者收容所里做过志愿者，那么他对金融机构在社会中的角色也会有新的看法。

这些个人经历的反差告诉我们，要提高一个人的同理心的准确性，就需要让他们学会设身处地地换位思考。令人难以置信的是，甚至是精神变态者（他们的心理特征就是同理心受损和极端自负）也会对他人的感受做出回应。神经心理学家已经验证，让精神变态者关注他人的痛苦，并尽最大的努力想象他人的痛苦感受，会在他们的大脑中引发镜像的相同痛苦，这与非精神变态的正常人所表现出的痛苦类似。同理心发挥了作用。但要想在一段时间内维持同理心的效果，并超越触发同理心的当前环境，就是更大的挑战了。

深刻而持久的同理心，不仅是暂时透过别人的眼睛看世界，还需要持续从对自我的关注转向对相互依赖的认识和欣赏。心理学家从自我定义的角度看待这种转变：人们可以将自己视为与他人分离的、独立的，也可以将自己视为与他人相连的、相互依赖的。就像换位思考一样，这种相互依赖的自我观可以通过简单的干预来激发。比如，让某人读一个单数的第一人称代词（我，我的）写的故事，但把其中的第一人称单数代词，用相互依赖的复数代词（我们，我们的）来代替。自我是可以塑造的，毫无疑问，相互依赖的观点能够激发出更大的同理心、更多的合作和集体主义倾向。

自我的发展，最终的本质就是自我意识的扩展，以及对与自己相关的、需要负责的事物承担责任。我们一开始都是以自我为中心的，如果我们的发展没有遇到阻碍，就会逐渐把自己看成与其他更广泛的事物是相互依存的——包括家庭、社区、国家，最终还有人类和地球。在第8章，我们将了解一个社会是如何在其公民中培养这种相互依赖的意识的，并通过它所产生的同理心，遏制权力衍生出的邪恶影响，以确保实现集体繁荣。

社会心理学并不是唯一相信同理心是建立在我们相互依赖、相互欣赏的意识上的理论。在佛教思想中，万物皆相互依存，而相互依存是同理心和利他主义的根源。在佛教中，把人从自我专注中解放出来的方法，在某种程度上取决于禅修。禅修有助于培养智慧，让我们看到我们所渴望的东西——财富、名誉和权力本身，是如何让我们不由自主地关注自我的。佛教认为，刻意训练我们的头脑，让我们的注意力专注于当下，可以帮助我们从这些破坏性的欲望中释怀，认识到人与人之间的相互依赖，并把追求他人的幸福视为通往自己幸福的道路。

薇拉·科代罗要寻找一种方法来摆脱自己陷入骄傲和自我为中心的倾向。她尝试使用冥想的方法来遏制对自我的关注。当冥想成为她的一种日常习惯后，她告诉我们："这让我对我们的员工和接受非政府组织服务的家庭有了更多的同理心，让我意识到社会使命的重要性。"通过将同理心与组织的使命联系起来，薇拉在通往权力的道路上迈出了至关重要的一步：她认识到所有人都是人类大家庭的一部分，所有的事情都是相互关联的。

这一认知也是马丁·路德·金（Martin Luther King, Jr.）哲学的核心，他有这样的名言："所有的生命都是相互关联的。我们都被困在一个无法逃脱、相互依存的网络中，被命运捆绑在一起。任何直接影响某个人的事，都会间接影响所有人。"认识到了这种相互依赖，同理心就会自然而然地产生，从而与权力建立一种纯粹的关系。

有时候，当我们挣扎着想看透自我关注的迷雾时，比我们自身更重要的事物会提醒我们，重新点燃我们的同理心。

谦逊心的培养

在庆祝军事胜利和展示个人权力方面，在过去 2000 年里，罗马的历史上有很多典型的君主，不乏独裁者的代表。但是，历史学家告诉我们，有一个和我们的认知有反差、非常有趣的知识点：在每一个胜利的将军驾着战车穿过罗马的街道时，他的背后都会站着一个奴隶，在他耳边低声说："记住，你只是一个人。"培养这种认知（人不可能永生不死，成功都是短暂的），是保护我们免受傲慢危害的关键。牢记我们的生命乃至所有生命都非永恒，没有什么比这更加能够打消自以为无敌和绝对正确的幻想了。

为了让我们在日常生活中，而不仅仅是在成功的高峰上，也能够记住自己是凡人，并遏制心中的傲慢，我们能做些什么呢？马沙罗夫·侯赛因（Mashroof Hossain）是孟加拉国地区警察的一名特别代表，他在罗兴亚危机期间曾与一名难民交流。在那次改变马沙罗夫人生的交流中，他找到了自己的方向。马沙罗夫在7年前加入了警察行列，现在和同事一起被派去负责管控边境局势。

马沙罗夫在难民营遇到了许多人，其中最令他难忘的是一位谦逊的老人。马沙罗夫很喜欢听他讲故事，他们成了好朋友。有一天，他很惊讶地从别人那里得知老人曾经是一位将军。"在缅甸，"马沙罗夫解释道，"如果你是一名军官，你就能像国王一样。"然而转眼之间，这个前将军从权力的顶峰一下子跌到一无所有的境地。"马沙罗夫，今天你可能觉得自己站在世界之巅，"老人警告他，"但明天，你可能会失去一切。"

这位老人的话留在了马沙罗夫心中。自从那次交谈之后，每当感到自己有了隐隐的傲慢时，马沙罗夫都会想起这位前将军的警告来克制自己。"自我感觉强大和拥有权力就像毒品一样。当它发生在我身上的时候……我就会想起这位将军，他现在只是一个难民，随身仅有一个背包，就像其他失去一切的人一样。我知道这种事可能会发生在我们每个人身上，所以我们不应该把任何事情视为理所当然。"

马沙罗夫认为，培养谦逊之心是避免陷入傲慢陷阱的必要条件，这是正确的。实证研究表明，当表现出谦逊的一面时，我们就能够获得别人实实在在的帮助，因为我们允许他们说出自己的想法、问题、担忧或错误，而不用担心受到惩罚或羞辱。

组织学家艾米·埃德蒙森（Amy Edmondson）已经找到了一些实践方法，用以培养这种心理安全的氛围。例如，为了鼓励团队成员大胆提出观点，领导者可以先通过指出团队面临环境的复杂性、不确定性和模糊性来构建一个工作框架，这样就可以清楚地看到，没有一个人可以回答所有的问题。然后，他们可以养成一种习惯，通过问问题的方式获得不同的观点，同时承认自己现有认知的局限性，从而让所有人都参与进来。通过承认自己的错误，鼓励别人效仿。当成员们这样做的时候，领导者必须给予赞赏性的反馈：感谢那些敢于发言的人，并把之前犯过的错误转为理解、标记为学习成长的机会，消除其犯错误的污名。

这些实践所产生的心理安全感，不仅有助于领导者抑制狂妄自大，还增强了团队的创新能力，提升了团队效能。当领导者表现出谦逊的态度时，团队成员的贡献质量就会提高。他们的工作满意度和留任率会提高，他们的敬业度和学习意愿也会随之提高。

谦逊——承认一个人的局限性，准确感知个人的能力和成就，能够增加我们开放学习的积极性，促进我们产生利他主义心理，变得更加慷慨好施和乐于助人。因此，谦逊心和同理心使我们能够利用好权力，达到更高的目标，见图2-1。

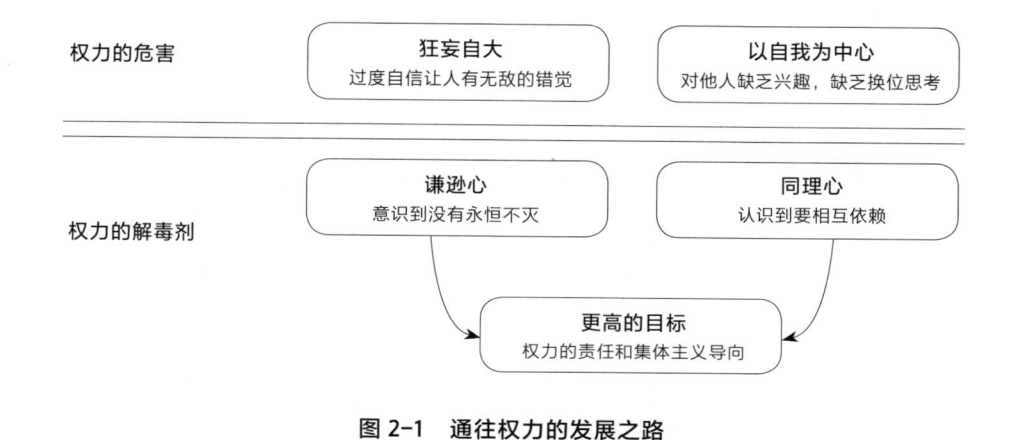

权力的危害　　狂妄自大　　　　　　　以自我为中心
　　　　　　过度自信让人有无敌的错觉　对他人缺乏兴趣，缺乏换位思考

权力的解毒剂　谦逊心　　　　　　　同理心
　　　　　　意识到没有永恒不灭　　认识到要相互依赖

　　　　　　　　　更高的目标
　　　　　　　　权力的责任和集体主义导向

图 2-1　通往权力的发展之路

如何让好人拥有权力

除了引导自我的发展，要理解如何建设性地与权力打交道，也应该思考在有选择的时候，选择把权力交给谁。正如我们已经讨论过的，精神变态者可能也会因为同理心对外界刺激做出短暂的反应，但我们真的想让一个精神变态者掌权，并指望他变成智慧的典范吗？当然不是。然而，历史上却有很多这样的例子：可怕的权力落入了错误的人手中。这包括通过民主的方式选出但成为独裁者的人，还有其他想方设法取得了巨大影响力，并用最糟糕的方式滥用权力的人。问题是，为什么权力如此频繁地落入坏人之手？为什么我们要让权力旁落到那些滥用权力、给我们造成损失和痛苦的人手里？

其中一个原因是自我选择，因为最渴望权力的人往往是那些拼命寻求并最终得到权力的人。对于占据有影响力地位的渴望程度因人而异。一项研究表明，那些在自己职位上做得优秀的人，既不是最渴望得到这个职位的人，也不是坚决回避这些职位的人，而是多少有点勉强接受这个职位的人。可以说，不情愿拥有权力的人最有可能很好地运用权力，但他们也不太可能主动获取权力，因为他们对权力没有追求。

权力最终往往掌握在不适合使用它的人手中的另一个原因，是选择。是我们允许了这些人占据他们非法获得的权力地位，但有时我们是在自由和公正的选举中主动选择了他们。这是为什么？因为我们中的许多人，无论在哪种文化背景下，都倾向于选择那些表现出有强大力量和绝对掌控感的人，也就是能给我们安全感和稳定性的人。当我们终于意识到我们把权力给了不恰当的人时，他们已经牢牢抓住了权力，并且控制住了周围的舆论，掌握了行动权。这时候，因为他们对权力的掌控已经极其严密了，导致我们无法翻盘。

那我们应该怎么做呢？在选择代表我们行使权力的人的时候，我们应该运用心理学和哲学中的相同知识，来指导我们选择权力的行动：选择那些表现出同理心和谦逊心的人；选择有利他主义倾向，而不是自私自利的人；当然，还要选择有能力的人，没有能力，即使有最好的愿望也会是一场空。这些是我们评判每一位候选政治人物的标准，也是衡量每一位商业领袖的标准。我们要做的应该是寻找线索，证明一个即将上台的掌权者并不是愚蠢和迫切地为了权力而去争取权力。有证据表明，我们往往无法做到坚持上述标准，而是被那些力量、自信、财富和地位等闪光点引诱，把权力给了错误的人。对科学和人性的学习和理解，可以让我们做得更好。

总而言之，在拥抱权力的同时避免落入陷阱有两个基础条件：一是认识到相互依赖，这使我们能够用同理心抵消自我关注；二是保持一种没有永恒不灭的意识，用谦逊来抵抗傲慢。同理心和谦逊心使人更容易抛弃自私自利的目标，而去追求利他的目标——这是良性使用权力的关键。当然，说起来容易，做起来难。如果这很容易，我们就都会明智地使用权力，避免其令人迷醉的危险，并抵制我们的个人私欲了。这就是为什么我们不能仅仅把自己变得更有同理心和谦逊心，还需要采取结构化的限制措施，以帮助我们避免在面对权力时做出最糟糕的行为。

制定规则，抵抗"权力的诱惑"

薇拉发现，冥想这类个人修炼对培养同理心和谦逊心非常有帮助，但她也意识到这还不够。如果想抵御权力的醉人诱惑，避免对团队成员的意见指手画脚、横行霸道，她还需要一些外部的制衡。为此，她每周组织高管团队开会，让每个人都有同等的时间来报告他们的活动，分享各自的想法和关注的问题。她还公开承诺，她在发表意见之前，不会打断同事的发言，并且会认真倾听。她要求其他同事也这样做。

这些外部制衡，就是努力创建一个宽厚、包容、共同负责的流程来促进团队合作。薇拉这样做是对的，对团队表现的研究表明，一个团队的平均同理心程度（衡量方法：从解读他人面部表情来判读对方情绪的能力水平），以及团队成员轮流发言的参与程度，是用以预测该团队表现水平最重要的因素之一。通过制定一些规则，如薇拉制定的那些规则，可以防止少数（过度）自信的人滔滔不绝而压制别人的不同意见。这一点至关重要。

正式流程和组织规范也是如此，这些流程和规范让每个人——尤其是拥有更多权力的领导者——对自己的行为负责。这样的做法会让掌权者把注意力放在他人身上，而不是以一种自负的方式行事。其他流程和规范还可以让新获得权力的团队成员承担责任：当每个人都意识到有责任使用自己的权力来实现集体目标的时候，说出自己的想法和被倾听的心理安全感都能够促进团队成长，提高团队效率。

所有这些做法背后的理念是，分享权力和问责机制实现了两个目标：一个是避免权力冲昏领导者的头脑，另一个是提高团队的效率。薇拉出色地运用了这个组织良性治理的关键原则。在这样做的过程中，她坚持追求团队的更高目标，并提高了团队的表现水平。但她知道，自己必须保持警惕，需要不断地加强权力分享和问责机制，以遏制傲慢和过度自我关注。正如我们将在第8章看到的，这些权力限制，无论是对非政府组织的小团队、大公司，还是整个国家的政治体系，都非常重要。

所以，权力不一定是肮脏的。如果培养了同理心和谦逊心，并实施结构化的保障措施，确保权力分享和问责，我们就可以避免落入权力的陷阱。这些知识解放了我们，让我们能够去寻找我们所需的力量，去追求我们选择的目标，而不是听任他人——"有权势的人"，为我们做决定。发展的和结构性的思考工具，帮助我们与权力打交道，并让我们负责任地使用它，下一步就是弄清楚如何获得它。这让我们回到权力的基本原理，回到权力总是处于特定关系中的观点。要在某种关系中获取权力，就必须对对方珍视的资源有一定的控制权。反之亦然，如果别人能控制你所看重的东西，他们就能控制你。认真看待这些基本原理，你就会意识到，要看透任何一种情况下的权力所在，都要回答两个问题：

人们看重什么？
是谁控制了他们所看重的东西？

当然，这些问题的答案会随着情境和时间的不同而发生变化。但这种可变性也还是包含了我们可以理解的模式，从而让我们能够可靠地看透任何环境中的任何权力关系，并给我们驾驭权力的机会，而不是被它的力量席卷而去。让我们从第一个问题开始：人们看重什么？

03

掌控需求，
　就等于掌握了权力

人类的需求和欲望如此多种多样，且随着时间的推移不断变化，我们怎样才能知道别人看重的是什么呢？从卢克莱修到但丁，从莎士比亚到尤瑟纳尔，哲学家、诗人、作家，以及心理学家、生物学家、神经科学家，还有各行各业的社会科学家，都为回答这个问题献出了一点人类最杰出的思想。艺术和科学给了我们许多洞察人性和动机的模型，每一种模型都强调了驱动人们行为的不同因素。

本书接下来的内容并不是要对这个庞大的文献系统进行详尽的描述。如果可能的话，这将是一项远远超出本书范围的壮举。相反，本书中提炼出的是这些著作中的共同精华点。其他学者也可以，而且毫无疑问会做出不同但同样有效的选择。[1]认识到这一点，我们提供的也就只是我们的分析，并不作为人性动机层面的"最终结论"，而是作为一个有用的指南，提供给那些试图揭示权力关系中的需求和欲望的人。

人类的两个基本需求：安全和自尊

从长远来看，人类只不过是无尽宇宙中的一粒尘埃。我们在宇宙中的地位稍纵即逝，且无足轻重。在最深层次的层面上，人类渴望的是针对生存困境的两种防御思路：第一，防止比我们更强大的危险力量肆意妄为，这可能会在瞬间毁灭我们；第二，保证我们作为个体在宇宙中的存在价值。最终，我们的目标是满足人类的两个基本动机：确保安全、免受伤害，并确认我们值得尊重。对安全的需求和对自尊的需求是如此基础，以至于它们跨越时空，可靠地塑造了权力关系。

想一想心理学家米哈里·契克森米哈赖（Mihaly Csikszentmihalyi）的可怕观点，他冷静地总结了人类所处的脆弱处境：

> 似乎每次躲避迫近的危险时，一种新的、更复杂的威胁就会出现在地平线上。我们刚发明一种新物质，它的副产品就开始毒害环境。纵观历史，那些被设计用来提供安全保障的武器已经掉转枪口，并威胁要摧毁它们的制造者。一些疾病得到了控制，新的疾病就变得致命。如果在一段时间内死亡率降低，那么人口过剩就会开始困扰我们……地球也许是我们唯一的家园，但这个家园充满了随时可能爆炸的陷阱。[2]

面对这样迫在眉睫的危险时，我们会把安全放在首位。这没什么好奇怪的，我们的生存本能是最原始的，这就是为什么要控制对我们身体和生理安全至关重要的资源——包括水、食物、住所、免于疾病和暴力——成为一种有效的权力掌控策略。我们会在威胁到我们安全的事情面前退缩，在能够保证我们不受伤害的事情面前积极前进。

如果这听起来很邪恶，那是因为它本身就可以是邪恶的。威胁某人的人身安全是一种简单粗暴但有效的权力工具，这也是独裁政权压制异议和控制民众的一种方式。[3]黑手党老大控制着一些家族和他们的生意，[4]暴力地挟持他们的家人作为人质。[5]威胁他人的生计同样也是一种行使权力的方式，尽管不需要诉诸身体上的暴力。考虑到失业会带来的身心压力，控制某人的工作机会也是一种潜在的威胁。[6]解雇拒绝在危险条件下工作的员工，[7]或者赶走那些揭露政治人物不道德行为[8]的官员，这些都会发出一个明确的信息，表明在人际关系中的权力平衡点在哪里。

根据我们对安全的需求，你可以得出一个结论，以为我们生活在一个人人相互对抗的霍布斯式世界里。[9]不过，请记住，免受伤害的承诺也是一种非常有效的权力来源。这就是为什么人类同意组建政府，建立公共机构，制定法律来保护我们自己的权利，保护我们的社会不至于回到野蛮的自然状态。这样的保护是必不可少的，正如哲学家菲利普·H.佩蒂特（Philip H.Pettit）所指出的那样，只有当我们不依赖他人的善意来确保自己的安全时，我们才能"毫不恐惧地直视他人的眼睛"，并像自由人一样行动。[10]但是，"从威胁中获得安全"和"被威胁失去安全"，这两者之间的界限是很容易被跨越的。

面对全新的、不可预测的危险，人们往往不太注意保护自己的自由。9·11事件后，政府对普通公民加强了监视就充分说明了这一点。[11]而且，当人们自愿放弃自由的时候，他们会让自己暴露于潜在的权力滥用阴影之下。

虽然我们对安全的基本需求源于人类生存状况的不稳定性，但我们对自尊的需求反映了我们自身的微不足道。几千年来，大约有1000亿人在这个世界上来了又走。[12]他们几乎没有留下任何痕迹，似乎被永远遗忘了。因此，关于存在的意义和价值的问题，是人类对自尊强烈渴望的根源，或者说是对自己保持积极看法的渴望，无论这种渴望是私下的还是公开的。[13]这使得关于"我们在地球上存在的价值到底是什么"这个深奥的问题，触发了我们去理解自己的生命价值及他人的价值。有人说，把自己视为有价值的人是最重要的目标，生活中的其他大多数目标都是朝着这个目标前进的。

保持高度的自尊对于我们的幸福、我们设定和追求目标的能力、享受快乐经历和应对挑战的能力都是至关重要的。然而，我们对自尊的追求可能是不正常的，也可能是功利性的。当我们因为不清楚自我价值而感到不安，或感到脆弱和想寻求价值时，我们采取的策略是出于保护或增强自我的需要。这种行为所产生的尊重也是脆弱、不稳定和相对的，并且取决于来自事件和成就的外部认可。相反，如果我们的行为是建立在客观地接受我们是谁、我们做错了什么，以及其他所有一切的基础上，那么由此产生的自尊是安全、持续和稳定的，也是一个人核心自我的真实表达。

尽管我们渴望真正的自尊，但现实情况是，它需要终身追求。所以，那些想影响我们的人可以通过唤起我们的自尊来实现这一点。当我们试图影响他人时，我们也可以使用同样的方式。

如何满足人们的需求

认识到我们都是被追求安全和自尊所驱使的,这是解读任何权力关系的起点。每个人满足这两个需求的方式是不同的。社会心理学的研究告诉我们,自尊取决于我们的主观评价——包括我们如何看待自己的个人能力、我们所占据的社会地位、我们的影响力,以及我们认为自己是否值得被爱和被公平地对待。同样,安全取决于确保有基本的生理必需品,如食物和住所,但也取决于心理资源,如与关心我们和保护我们免受伤害的人的关系,或使我们能够应对周围的危险和不确定性的能力。

我们如何在不同的时间和情况下考虑这些资源的优先级,会带来截然不同的结果。我们也会受到周围人的影响,我们所看重的东西是由我们的社会环境和我们社区的文化信仰所塑造的。尽管存在这些差异,我们在寻求安全和自尊方面仍有共同之处。接下来,让我们看看它们到底是什么,它们又是如何影响权力运行的。我们从一种许多人提到的让世界运转的资源——金钱开始。

物质资源

"按照目前化石燃料消耗的趋势,它将在 2050 年之前给环境造成巨大的破坏。"虽然这句话可能来自过去几年出版的几乎所有报纸,但它的表述实际上可以追溯到 1979 年。是谁做出了如此惊人的具有前瞻性的准确预测?正是埃克森公司——世界上最大的石油生产商之一。三年后,埃克森公司的另一份关于温室气体效应的内部报告对全球变暖做出了预测。时至今日，当时那些预测仍然惊人地准确。

随着人类对全球变暖原因的科学认识和深入了解，化石燃料工业启动了一项有预谋的行动，以掩盖其发现。一份对外泄露的1998年的备忘录阐述了该行业的策略：化石燃料行业与曾向公众隐瞒吸烟对健康影响的公关集团"大烟草"（big tobacco）合作，启动了一项斥资巨大、不遗余力的行动——散布对气候科学的怀疑。靠石油发家的富翁资助的智库和非政府组织发布广告、发表报告，并训练持怀疑态度的"科学家"担任否认气候变化问题的大使。2003—2010年，大约有91个保守组织因此收到了5亿美元的资金，削弱了美国人对气候科学的信心。与此同时，石油公司着力设计从北极到北海的钻井平台，以应对海平面上升和海岸侵蚀的问题。

石油和天然气行业的大亨们深知他们的贪婪会带来长期后果，但他们坚持了下去。在对金钱的不懈追求中，他们只是把利润放在了一切的首位。从某种程度上来看，我们都是他们的同谋者。我们想得到最新的电器、电子设备和时髦的服饰，不管成本高低，希望商家都以尽可能低的价格出售。而提供这些商品和服务的公司则希望尽可能多地赚钱。在拥护米尔顿·弗里德曼（Milton Friedman）"企业的社会责任就是增加其利润"这一论点的新自由主义资本主义体系中，金融短期主义已被合法化，甚至在现代社会中已经成为一种常态。

新自由主义的逻辑可能已经把我们所认为的金钱的价值推到了一个极端，但财富和物质一直被人们高度重视并渴望获得。随便读一本简·奥斯汀的小说，你就会发现自己在评估小说中某个人物的婚姻前景时，都是基于婚姻所带来的收入和财产的多少。这种处理社会关系的方式不仅仅是18

世纪晚期英国地主贵族独有的，人们总是愿意竭尽全力地获得一罐金子、一个宝箱或一份利润丰厚的合同，即便这可能意味着要做出不道德或者非法的行为。

我们渴望金钱，因为它满足了我们的基本需求：安全和自尊。你不能把钱直接用来吃或穿，但你可以用它来换取食物和住所，并因此而感到更加安全。你可以用它来提升自我价值，尤其是在个人主义盛行的社会里。因为财富是通往特权的大门，而特权滋养着人们的社会地位——对许多人而言，这就是自尊宝贵的源泉。有钱确实能使鬼推磨，控制住人们对金钱的获取，就能控制住他们。

然而，金钱并不总能成功地影响人们的行为。你可以回想一下法国大革命之后，拿破仑是如何巧妙地掌控军队的。因为取消了贵族世袭制度，他失去了用头衔奖励他最勇敢的军官的手段（随头衔而来的是庞大的地产）。于是，拿破仑创建了一个普世的功勋勋章制度——荣誉军团勋章，这只是作为对士兵和平民的象征性奖励。这个勋章制度发挥了作用，直至今日，尊贵的勋章仍可以代替物质奖励，以至于它作为一种激励的工具仍然适用于各行各业，已远远超出了军事领域。

你是否听说过查纳帕特纳（Channapatna），那是印度南部一座以传统木制玩具闻名的城市。和所有人一样，那里的工匠也需要谋生。然而，社会学家阿罗娜·蓝伽娜塔（Aruna Ranganathan）研究了他们的经济行为后发现，他们把作品卖给鉴赏家时（鉴赏家往往愿意为精美作品支付更多的钱），却会接受一个比其他挑剔的买家更低的售价。

我们大多数人对金钱和物质财产过分重视。在这样的情况下，我们该如何看待拿破仑的军官和查纳帕特纳的工匠的行为呢？解释这些令人费解的问题的关键在于，我们要了解人们心理上的需求，从而掌握更多这样的资源，而非物质资源——可以取代金钱，成为人们渴望的对象。甚至在经济往来中也是如此，地位也是资源之一。既可以通过物质财富获得，也可以通过其他不具象的手段获得。

地位

我们很少完全依靠自己就能认知自己的价值，别人给予我们的尊敬、威望和重视——我们的地位或我们在别人眼中的价值也很重要。地位表明了我们相对于周围人的位置。我们非常重视等级的差别，但地位是一种社会建构。在任何时代和文化中，人们都表现出能够无限创造性地用新的方式来显示地位。

别人给予我们的尊重满足了我们对自尊的需要。对今天的许多消费者而言，奢侈品是社会地位的终极标志：回想一下，一个世纪前，钻石并不流行，但后来却成为永恒爱情的昂贵象征。满足人们自尊需求的资源会随着地域和时间的变化而变化，这取决于文化、经济和制度的力量。但不变的是，当我们盘踞在别人通往社会地位之路的大门口时，我们就可以影响他人。反之亦然。

人际关系

地位并不是唯一可以取代金钱作为影响人们行为手段的资源。社会联系——以人际关系、互惠承诺和关心的形式存在——是另一种非常有价值的资源。我们渴望友谊、信任和接纳，希望给予和接受爱或感情，我们属于各种团体形成的圈子。

哈佛大学的成年人发展研究开始于1938年，是心理学中持续时间最长的研究项目之一。它的目的是了解为什么有些人比其他人更容易衰老。最初的参与者是两组男性：268名来自哈佛大学二年级的学生和456名来自波士顿最贫困社区的男孩。随着时间的推移，项目研究范围扩大到了2000多名男孩，并最终包括他们的配偶。

起初，研究人员关注的是参与者的身体属性和智力的变化，但随着时间的推移，他们的关注点发生了变化。乔治·范伦特（George Vaillant）是1972—2004年领导这项研究的精神病学家。他观察发现："当研究开始时，没有人关心同理心或依恋心理，但健康衰老的关键在于人际关系。"研究人员发现，最健康的八旬老人在50岁时对婚姻关系最满意。就长寿的影响因素而言，孤独的影响与吸烟或酗酒的影响同样重要。

人际关系、归属感与权力又有什么关系呢？客观地说，和关心我们的人在一起会让我们感到更加安全。从主观上来看，他们的存在和对我们的喜爱增强了我们对自我价值的认知。进化心理学的研究强调了人们如何将在社会交往中接受或拒绝的经历内在化，进而深刻地影响人们对自身价值的评估。孩子们很早就明白，威胁要和另一个孩子反目成仇，会有巨大的力量。他们不明白这种力量来自剥夺一个脆弱的同伴的自我价值，同时剥夺了对方抵御欺凌的潜在防御能力。

最终，我们爱的人对我们而言比其他任何事情都重要。任何一个濒死的人都会告诉你，在生命的最后时刻，他唯一想到的就是他爱的人。无法与住院的家人诀别的痛苦，在新冠肺炎暴发期间让很多人心碎。我们可以接受死亡，但不能接受我们所爱的人不在身边就逝去。爱很容易成为一种权力的来源：威胁我爱的人，我就会屈服于你，以确保我所爱之人安全。与此同时，我会尽我所能与你对抗。

人际关系也可以用来分裂我们，我们对归属感的渴望会导致我们以群体的优越性为基础来定义自我价值。那些通过歧视他人（把别人视为"次等人"）来提升自我感觉的人，利用人际关系来满足对自尊的渴望，从而获得了优于我们的权力。对移民的仇视、种族清洗以及历史上一长串的种族灭绝政权都表明，利用这种影响力是极其有害的。

值得庆幸的是，仇恨并不是唯一影响我们身份认同的形式。请记住查纳帕特纳的工匠们，他们与自己的作品如此紧密地联系在一起。他们重视顾客，因为他们知道顾客会在商品买卖之外关注作品本身，即使这意味着工匠会赚更少的钱。当劳动是包含爱的情感的劳动时，劳动的价值就会发生变化。这就是为什么他们想与那些理解他们作品的人分享他们的作品，并且会像他们一样热爱它（作品）。

成功

查纳帕特纳的工匠们对他们作品的情感投入的强度可能是不同寻常的，但在对自己的手工技艺的珍视方面，他们绝不是唯一的。实现目标的意愿驱动我们通过学习、分析、观察和行动来解决问题、直面挑战。每次观察婴儿学习走路和说话的坎坷历程时，我们都能从最基本的现象里看到这一点。我们重视有能力和有成就的感觉，因为这让我们感到安全和有价值。我们对一门手艺或一套知识掌握得越多，就越能掌控生活。而与此同时，我们从不理解的事物中感到的威胁就越少。我们的卓越技能和洞察力越突出，就越会觉得自己特别、有价值。

成功的定义因人而异，在不同的文化中也有所不同。例如，东亚的年轻人在数学、阅读和科学领域的国际比赛中，成绩排名最高，在一定程度上可归因于不同地域的人对"成功"的理解的文化差异。相反，英美文化通常用"学生运动员"来定义年轻人的成功。"学生运动员"是罗马时代社会理想的"健康的精神与健康的身体"的缩影。虽然定义不同，但成功本身是受到人们普遍重视的。

在一个组织中，人们对成功的重视，为有眼光的管理者提供了一种建设性的影响员工绩效的方式。研究表明，由能力和成就的提高而产生的进步感，是人们工作动力的最重要来源。能够创造一个让员工感到能有进步空间的环境的管理者，将对员工的行为产生重要的影响。

由于成功有无数种表现形式，那些在特定领域里有权定义能力或成功的人，对活跃在该领域的其他人有相当大的影响力。家长对成绩的关注和教师使用的评价方法，会对学生的行为产生或好或坏的影响。从诺贝尔奖到米其林三星餐厅评论，再到大学的录取机制，表彰成就高度的评选委员会拥有巨大的权力，因为他们控制着实验室的工作机会，或者控制着厨房的餐品，抑或是控制着学校里哪位学生的成绩最值得表扬。

如果我们不赋予成功和能力价值，奖品和分数就不会对我们的行为产生这些影响。然而，这些评价我们是否成功的外部资源也并不永远是人们所追求的。一些厨师就不再追求更多的米其林星级，有些艺术家也会拒绝领奖。在此过程中，他们从自己与颁奖人的关系中解脱了出来，重新获得了对他们所珍视的另一种资源的控制：他们的自主权。

自主权

那些自认为可以控制自己的选择,并且认为自己的行为是自己意志结果的人,是拥有自主权的。我们非常重视自主权。事实上,我们对权力的渴望,主要驱动力并不是要对他人的生活施加影响,而是免于他人对我们产生影响。自主权能让我们感到更加安全,因为它能保护我们免受他人选择所带来的不必要的后果。它还增强了我们的自尊,我们自己选择的行为让人感觉更真实——真实地反映了我们是谁,因此也就具有了道德的价值。

那些能够自主行动并自认为获得了管理者支持的员工,比那些对自己的工作鲜有控制权的员工表现出更高的满意度。他们的满意度不仅反映在更好的绩效评价上,还反映在更健康的心理上。相反,缺乏自主权会对员工的身心健康造成负面影响。尊重他人的自主权——承认每个人自己做决定的权力是管理者激励员工、教师激励学生的动因,而父母也应当允许孩子对自己发表意见。

对丧失自主权的恐惧,或者意识到自主权已经失去,就很容易被别人控制和利用。记者芬坦·奥图尔(Fintan O'Toole)在他的《英雄迟暮:英国的脱欧与痛苦的政治》(*Heroes Failure: Brexit and the Politics of Pain*)一书中,将这种恐惧视为英国退出欧盟的主要原因。奈杰尔·法拉奇(Nigel Farage)和鲍里斯·约翰逊(Boris Johnson)等政界人士明白,英国有无数人对大英帝国的崩溃、移民的增加,以及他们实际上(或感觉上)丧失了自治权、把自主权交给欧盟而感到不满。"要让英国再次伟大起来,"他们说,"不要让那些欧盟官僚禁售你最喜欢的鲜虾鸡尾酒味的薯片!"利用人们想控制自己命运的欲望是影响他人行为并行使权力的一种强有力的方式。

自主性的缺失会导致人们寻求对他人的控制，以弥补自我生活的失控。在最极端的情况下，这种对控制的需求可以转化为对支配的渴望——一种恐吓、胁迫、灌输恐惧和倡导顺从的能力。领土争夺行为就是一个例子。当我们珍视的资源——从食物和水开始，一直延伸到住所、物质财产和社会地位——变得稀缺或受到威胁时，争夺领地就可以满足我们对安全的深层需求，就像我们以狩猎采集为生的祖先所做的那样。

在我们生活中更平凡的领域，支配的吸引力可以解释为什么许多人喜欢观看体育比赛，尤其是那些有潜在暴力的比赛。与古罗马的角斗士比赛不同，流血在今天的体育比赛中已经不是必要的了。为什么体育中的暴力具有娱乐性？有一种解释是："观众通过运动员间接地体会到了生活，所以当一名运动员猛击（另一名运动员）时，就好像观众自己完成了整个出拳过程。"而且，观众坐在安全的座位上，也很容易体会到自己的主导地位。球迷们要求在观赏性强的体育比赛中表现出攻击性和暴力，而球队和球赛联盟也乐于向球迷提供这些机会。利用人类的控制欲望是可以赚钱的。

最糟糕的情况是，对统治地位的渴求，被通过酷刑、恐怖主义以及其他直接危及他人性命的方式表现出来。通过控制他人的痛苦、荣耀、生存或死亡来感受对掌控的渴求，如果这不是一种扭曲的变化，那又是什么呢？做出这种行为的人是在寻求一种扭曲、变态的自我价值感受。新西兰前总理杰辛达·阿德恩（Jacinda Ardern）在处理 2019 年 3 月 15 日基督城清真寺恐怖袭击的恐怖分子时明确指出：

> 他想从他的恐怖行动中得到很多东西，其中之一就是闻名于世。

所以，你永远不会听到我提起他的名字。他是一名恐怖分子、一名罪犯、一名极端分子，但当我谈到这个事件时，他的名字不会被公之于众。对于其他人，我恳求你们，说出那些逝去的亲人的名字，而不要说杀害他们的人的名字。他可能是想出名，但我们新西兰人什么都不会给他，连他的名字也不会被提起。

阿德恩总理拒绝了恐怖分子——一个全世界都知道的名字——想得到的东西，打消了可能激发他做出仇恨行为的因素：对自尊的极度渴求。阿德恩总理还让人们不再聚焦于恐怖事件，而是关心其他人的正直和价值，从而控制了舆论话语权。

道德

有人能通过给我们一种道德上的正确感来影响我们吗？正如阿德恩总理所证明的那样，这是有可能的。因为对美德、善恶的高标准坚持，在我们追求安全和自尊的过程中起着重要的作用。道德哲学、社会学、生物学和进化心理学至少向我们提供了三种并行不悖的解释，来说明我们为什么如此重视道德。

第一种解释是，道德诞生于必要性和相互依赖之中：我们彼此依靠，来躲避危险和痛苦，我们个人的福祉与他人的福祉是交织在一起的。我们重视道德行为，因为遵守道德规范和惯例能使我们避免自然世界和人类社会的危险。而在人类社会，唯一的法则是"永不停息的战争"。根据这一观点，道德是具有工具价值的。

第二种解释是，道德是与进化相关的：一种天生的道德感出现并扎根于人性中，是因自然选择的作用。例如，合作、亲近社会行为中包含的道德元素，可能是在人类共同照顾婴儿的环境中进化而来的：如果你帮我保护和抚养我的孩子，我也会回报你，我们都有更好的机会让孩子们存活下来，并将我们的基因传递下去。正如生物学家爱德华·O.威尔逊（Edward O. Wilson）所言，就像对道德价值的工具解释一样，在进化论的观点中，"由于大多数形式的利他主义最终都是利己性的，从而使进化变得非常复杂"。尽管道德从根本上来说可能是自私的，但它已经进化成我们对自己的价值观核心。我们以高标准要求自己，对别人的态度之好，比如同情和包容等，甚至超过了对待我们亲属的态度。当我们的行为偏离了我们认同的道德，我们会觉得有必要向自己和他人证明这种偏离是合理的。

第三种解释，认为道德是我们的人性。拥有道德就是要做一个完人。以希腊哲学家伊壁鸠鲁（Epicurus）为例，他因宣称人生的最高目标是增加快乐和减少痛苦而闻名。他相信如果生活中"没有谨慎、体面和公正，也没有勇敢、节制和高尚，没有朋友，没有慈善"，那么生活不可能是愉悦的。在亚里士多德派学者（Aristotelean）的道德伦理学中，遵循道德生活是人类繁荣的必要条件。在伊曼努尔·康德（Immanuel Kant）的现代哲学中，有道德是一种绝对命令（一种对我们所有人都是无条件的行为规则）。因为与所有其他存在不同，人类可以使用理性来阐明超越并具有普遍和内在价值的道德原则。尽管上述这些思想体系存在差异，但它们有一个方面是一致的：人们发展道德标准，并将其作为人类实现理想的价值。此外，这些道德原则在不同时代和不同传统文化中都以非常相似的方式出现。在孔孟的思想中，仁、义、礼、智、信被称为"五常之道"。

无论道德是工具性的、进化性的，还是人类的内在价值，个人、组织、机构和社区的存在都使我们能研究和维护我们的道德体系，道德体系也会对我们产生影响。因为我们都需要努力按照我们的道德标准行事，所以当我们做不到这一点时，就会不安、出现偏差，并感到惭愧。我们会被那些反映我们价值观的群体所吸引，因为我们希望把自己和那些价值观联系在一起，从而认为自己是有道德的。在消费者行为领域，品牌、组织和领导者，可能会因为这些与当代道德价值观是否一致而获得或失去权力。咨询公司德勤在2019年对全球千禧一代的调查中发现，千禧一代对工作的预期与前几代人完全不同：基于企业的社会影响和道德口碑，大约40%的受访者会加深或减少与企业的关系。

利用道德原则来动员人们进行变革也是一种普遍的力量来源。比如，你可以回想一下那些社会变革中的领袖，比如圣雄甘地（Gandhi）、纳尔逊·曼德拉（Nelson Mandela）、特蕾莎修女，或者最近的马拉拉·优素福扎伊，他们的理想使他们能够对他人产生影响。2019年，16岁的格蕾塔·通贝里（Greta Thunberg）正是采用这种方式在"星期五为未来"活动（Fridays for the Future，FYF）中动员了163个国家的约400万人举行游行抗议，并加入为气候行动而举行的罢工。

虽然道德诉求很强大，但它们并不总是高尚的。把"其他"个人、团体或国家描绘成"不道德"是一种行之有效的煽动策略。正如爱德华·O.威尔逊曾睿智地指出："人类的荣誉准则是一致的，但这些准则适用于谁，又总是变幻无常的。"

虽然人人都有讲究道德的愿望，但我们每个人对自己道德标准的重视程度千差万别。对一些人来说，对金钱的过度喜爱或对统治的渴望压倒了想成为一个好人的愿望。那些几十年来从石油燃料中获利的人，虽然知道其行为会对人类的生存构成威胁，但他们我行我素的行为并没有多少道德可言。相反，对另一些人来说，道德比一切都重要。比如，第二次世界大战期间所有抵抗法西斯占领的人，以及世世代代为维护正义和摆脱暴政而牺牲的人。不出所料，那些认为道德对自己身份很重要的人不太可能为了私利而使用权力。

就像地位、归属、成就一样，我们定义道德的标准也需要在社会中构建和解释。19世纪的哲学家弗里德里希·尼采（Friedrich Nietzsche）认为，道德不是永恒的客观真理，而是文化和历史环境的产物。比如，我们仍然信奉亚里士多德倡导的主要美德——谨慎、节制、勇气和正义，但我们不能宽恕他为奴隶制辩护和拒绝人类平等的立场。在20世纪80年代之前，毛皮一直是高级社会阶层和时尚的标志，但在20世纪90年代，由于善待动物组织（PETA）的公开行动，毛皮在美国的象征价值开始急剧下降。这一行动利用了人们的道德指南针，将毛皮从优雅的象征转变为残忍的代表。

如何发现别人到底想要什么

我们已经看到，人们能够通过很多方式满足对安全和自尊的基本需求——物质财富、地位、成就、人际关系、自主权和道德都是宝贵的资源。但我们也能看到，这些资源对每个人来说，在不同的时间和情境下，并不是具有同等吸引力的。所以，尽管这些共性让我们对人们看重什么及其原因有了基本的了解，但要确切地知道别人想要什么，往往需要更仔细地观察他们的处境。只有这样，你才能知道你的权力是否取决于给予他们荣誉勋章、一罐金子、一定程度的自主权、一种道德感，或者其他什么东西（如图3-1所示）。

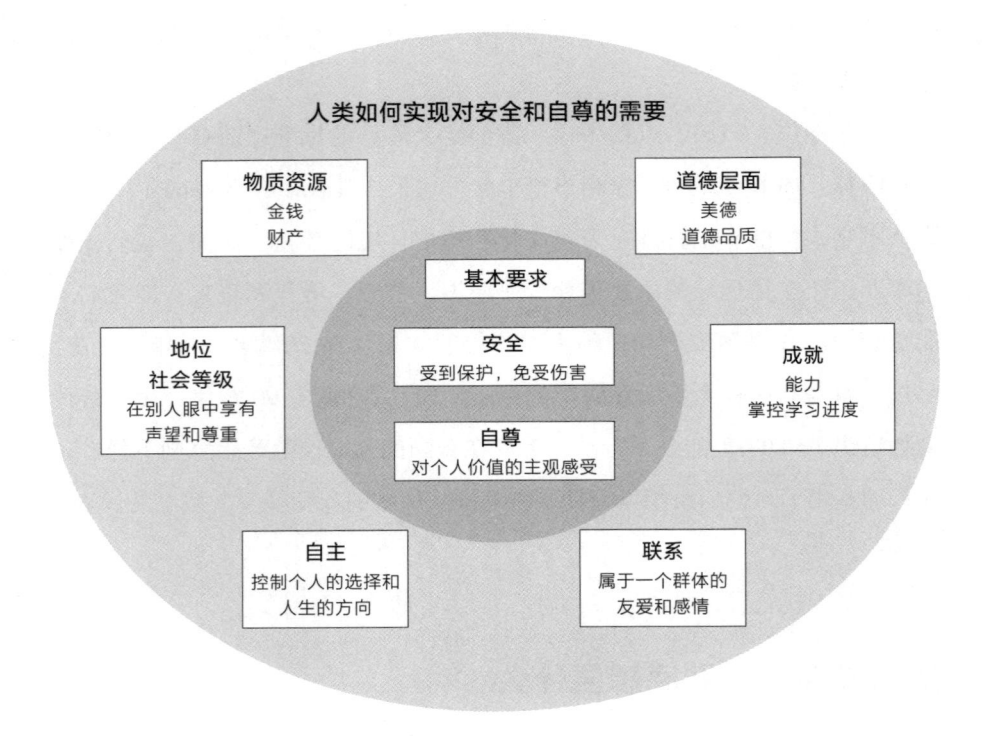

人类如何实现对安全和自尊的需要

- **物质资源**：金钱、财产
- **道德层面**：美德、道德品质
- **地位 社会等级**：在别人眼中享有声望和尊重
- **成就**：能力、掌控学习进度
- **自主**：控制个人的选择和人生的方向
- **联系**：属于一个群体的友爱和感情

基本要求：
- **安全**：受到保护，免受伤害
- **自尊**：对个人价值的主观感受

图 3-1 理解人们重视什么的框架逻辑

为了说明这一点，来看一下宁先生的故事。作为一名中国公民，他在获得MBA学位后，接受了澳大利亚一家大型企业的战略顾问的职位。他的任务是改变公司呼叫中心死气沉沉的氛围。这是一个挑战，因为他的头衔看似很高，但他对呼叫中心经理或客服人员并没有什么实质的权力，他也不知道靠什么能够促使呼叫中心的人采取行动，以及如何改变。不过，有一件事他是知道的：呼叫中心的士气一直是个大问题。

"没有人会打电话来说：'嘿，你的服务创造了奇迹，我喜欢它！'打电话的人几乎总是很生气，"他告诉我们，"这些客服人员会从早到晚听到人们对他们怒吼。你总是害怕又要接一个令人紧张的、不愉快的电话。当你不能解决来电者的问题并让他们满意时，你就会觉得自己很差劲——这种情况经常发生。因此，呼叫中心的旷工率和人员流动率都非常高，这并不奇怪。"

宁先生为呼叫中心的客服人员感到难过。他已经很清楚，客服人员极度缺乏安全感和自尊心。暴躁的顾客总是会随时出现，总部的经理们经常宣布裁员，他们是很难有安全感的。当你在小隔间里做着让人疏远的工作，却拿着微薄的薪水时，你是很难有自尊的。员工们都很痛苦，当宁先生向我们讨教如何在新工作中获得成功时，他下决心要找到一些能让员工们过得更好的方法。

宁先生知道，如果想发挥积极的影响力，首先要了解呼叫中心的员工都需要什么，并提供他们最想要的资源。但有些有价值的资源，比如更高的工资，并不是他的选项，因为他无法控制这些资源。那么，这些员工还想要什么，是他可以给到的东西呢？

为了了解客服人员看重什么，他拜访了其中一个呼叫中心，并意识到他遇到的人对总部的来人都心存疑虑。"我一走进去，"宁先生说，"所有人都立刻停止了说话，安静极了。"为此，他调整了自己的策略。他开始每周三都待在那里，在主楼一间空隔间里用笔记本电脑工作，而不是直接询问客服人员的工作情况。

从他所在主楼层的位置上，他立即注意到了围绕在小隔间四周和客服人员前面的隔板阻挡了视线，这会令里面的客服人员感到孤独。当宁先生询问是否可以移除这些隔板时，人力资源部门一开始拒绝了，并称客服人员的电脑屏幕上有机密客户的信息。不过，当宁先生很快指出，可以在客服人员的电脑屏幕上装上隐私保护膜，同时高质量的耳机可以保护他们免受周围电话声音的影响时，人力资源部门的态度软化了。"突然之间，人们能够看到彼此，可以进行眼神交流，感觉他们的同事就在那里。"这是满足他们对安全感和归属感需求的一种简单的方式。

宁先生注意到，他穿得越正式，人们就越紧张。于是，他也开始像其他人一样穿牛仔裤和T恤衫。当客服人员在宁先生身边变得更加放松时，他们开始为宁先生总是一个人坐着、没有人跟他说话而感到难受。很快，他们邀请宁先生和他们一起吃午餐。"第一次感觉很奇怪，"宁先生回忆说，"人们什么都不想说，所以我开始和他们谈论我的生活、我遇到的问题。一旦意识到我和他们有类似的困扰，他们就开始敞开心扉了。"

从这些谈话中，宁先生迅速发现，客服人员在他们的工作中找不到任何目的——工作对于他们来说除了能拿到薪水，什么都不是。但他们对自己的业余工作和志愿者活动充满了热情——这包括一个剧团、一个奶牛场、一个家庭面包房、一个动物救援组织。宁先生认真思考后，想到了一个绝妙的主意：为什么不把自助餐厅里电视上播放的新闻换成呼叫中心员工业余活动的照片和视频呢？起初，他不得不恳请别人同意。但当他制作了第一张幻灯片后，照片和视频就蜂拥而至。在呼叫中心找不到自我价值感的客服人员通过与同事分享自己的成就、亲人和朋友，找到了自我价值。

随着员工对工作中遇到的问题越来越坦诚，宁先生开始做笔记，记录他们提到的每一个问题，无论大小。客服人员被要求遵循的流程中的回呼信息，就是员工"刺激的流程"之一。虽然根据流程承诺，客服人员会在两个工作日内回拨电话，但澳大利亚的不同州和地区的假期安排各不相同，总部通常会要求将回拨时间缩短到一天之内，这使得客服人员更难解决客户的问题。宁先生在周三的午餐时听说了这个问题，他有权更改流程，但是修改文本必须在总部完成。宁先生回到酒店的房间，给公司总部办公室打电话，他在那里建立了一个强大的人际网络。第二天吃午餐时，他告诉客服人员："流程已经变了，你们现在就可以上网查一下，已经完成变更了。"宁先生还告诉他们，为了解决他们提出的其他问题，他具体做了些什么，以及他预计何时能解决这些问题。

客服人员对此印象深刻："天哪，你做事真是高效！"宁先生毫不犹豫地回答："这就是我来这里的原因。现在，请告诉我该怎样帮助你们。"闸门打开了，因为客服人员已经不再害怕总部的到访者，到访者会为他们提供完成任务所需的资源，从而增强了他们的自尊。在仅仅六个月的时间里，客服人员自我报告的参与度、赋能程度、自主权和满意度都上升了27%。管理层同样非常兴奋，因为呼叫中心的生产力翻了一番！宁先生的方法非常成功，于是公司请他去全国每个呼叫中心施展他的"魔力"。

赢得人们的信任，发现他们的需求

宁先生出色地应对了他所面临的挑战。起初，他只有一个空头衔，并没有影响呼叫中心员工的权力。但是，通过弄清楚他们看重的是他能接触到的东西，并找到聪明的方法提供了这些资源，宁先生便获得了主导变革所需要的权力。

宁先生的成就之所以令人印象深刻，是因为他必须消除别人根深蒂固的疑虑。他的实战例子表明，即使你知道要问别人需要什么，他们也不总会告诉你。宁先生知道，如果他真的想了解客服人员的需求，就必须获得他们的信任。他也意识到客服人员在打量自己。虽然文化和背景不同，但人们都会用两个标准来评价他人：能力和热情。

能力包括我们对一个人的效率、成就和技能的认识。热情是指我们对一个人的真诚、诚实和仁爱的感知。热情是相信别人的用心，能力是相信某人有本事按照他们的意图行事。我们非常重视与我们交往的人的能力和热情的表现，因为这两个因素给我们提供了安全感。如果我相信你会照顾我（而不是在背后捅我一刀），我就会感到安全。如果你能把事情做好，又不把我撇在一边，我就会更有安全感了。

能力和热情也会增强我们的自尊。对我们怀有善意的人会让我们感到被尊重和关心，如果他们尊重和关心我们，我们就会觉得自己值得他们关爱。和有能力的人在一起会让我们更有能力，也会增强我们的自我价值。难怪这两种属性占据了我们对人际关系认知的绝大部分领域。

宁先生明白，为了帮助呼叫中心的客服人员，他需要取得他们的信任。

这不仅因为他的意愿，还因为他有能力把这些意愿变成现实。他还凭直觉认为，他必须首先"建立"起自己的良好意愿，因为他知道自己被视为局外人（作为在澳大利亚的中国人），也被视为一个令人害怕的人（因为他来自公司总部）。虽然人们重视同事的能力和热情，但当人们被迫做出权衡时，热情就会被排到第一位。如果让人们在有能力的浑蛋（一个有技能但不太友善的同事）和可爱的傻瓜（一个专业水平低于平均水平但热情、善良的人）之间做出选择，大多数人会选择后者。无论如何，我们都会避免和浑蛋一起工作，无论他们的能力有多强。而我们会珍惜我们能从可爱的傻瓜身上看到的每一点能力。

当然，在理想情况下，我们希望既有热情又有能力。但在两者的边界游走时，给予人们更多关于你的良好意愿和道德品质的保证，会让你成为一个比能力强大更有吸引力的工作伙伴（两者都提供最低限度的保证，就像在基于能力和人际关系选择人的组织中通常出现的情况一样）。你可能会认为，在高度竞争和利润驱动的行业（如咨询、投行和私人股权投资领域），或者在技术要求特别高的行业（如外科手术、软件开发和军队），能力会胜过热情。但实际上，我们发现这些行业在这一点上与其他行业是相同的。

这就是宁先生成功的原因。为了打消呼叫中心人员的疑虑，他利用了社会心理学家认为最有效的人际关系资源：热爱，加入其中（把自己置身于客服人员身边），相似性（通过证明他和客服人员有很多共同点）。他是真心实意地希望改善他们的工作条件。一旦他的善意形象建立起来，呼叫中心的工作人员就会觉得可以信任他，而他则会毫无保留地展示他的能力，来开展他的工作。他凭借自己的能力，直接迅速地解决了他们的问题，利用他在总部的人脉一次次为客服人员解决问题。他成了每个人都想与之合作的可爱明星。

我们在本章中所构建的是一个路线图，帮助我们理解在特定的时间点，哪些资源对其他人是最重要的。第一步是揭示人们在自身所处的环境中看重什么：金钱还是地位？是友谊和相互支持的关系，还是一种有能力和进步的感觉？是一种自主感，还是一种感觉高尚的欲望？在大多数情况下，你可以认为上述大部分（如果不是全部的话）在某种程度上是相关的。第二步是确定谁控制着对这些宝贵资源的触达。宁先生善于发现呼叫中心员工的需求，但他同样善于发现如何触达这些资源，并将它们传递给呼叫中心的员工。在任何既定的环境下，我们都需要学会辨别谁控制了对必要的、有价值的资源的触达，以及为什么他们能够控制。接下来，我们将阐述绘制权力分布图所需要的工具，也就是识别关键人——那个在特定环境下拥有资源控制权的人。

04

谁控制着我们需要的资源

多纳泰拉·范思哲（Donatella Versace）从来没有想到权力会在1997年7月15日落到自己身上。那天，她的哥哥詹尼（Gianni）——那个范思哲帝国背后的创意天才，在佛罗里达州迈阿密海滩被一名痴迷于范思哲的连环杀手杀害了。一夜之间，多纳泰拉发现自己成了她哥哥梦想的公司的创意掌舵人，并成为全球时装界的一股力量。

多纳泰拉比她哥哥小10岁，是詹尼的第一个缪斯女神。当她10岁的时候，詹尼会让她穿黑色皮质迷你裙去上学。当她11岁的时候，他鼓励她把头发漂白。这激怒了他们的母亲，但也鼓舞了多纳泰拉。她十几岁的时候，染了一头白金色的头发。成年后，多纳泰拉是詹尼最信任的创意顾问和侦察员，也是家族成员中唯一与他一起在范思哲负责创意方面合作的人。

在詹尼负责时尚设计的同时，多纳泰拉敏锐的眼光和全球视野为公司带来了创新，提高了范思哲在时尚界的声望。她将超级名模打造成文化偶像，将默默无闻的模特转变为公众人物，成为具有独特身份和影响力的女性。"卡拉·布吕尼（Carla Bruni）、克劳迪娅·希弗（Claudia Schiffer）、娜奥米·坎贝尔（Naomi Campbell）、辛迪·克劳馥（Cindy Crawford）和琳达·伊万格丽斯塔（Linda Evangelista），她们都是我发现并带到范思哲的。"

多纳泰拉告诉我们。[1] 1993年，她与公司的关系已经非常密切了，几乎没有人关注到詹尼得过癌症。多纳泰拉在哥哥康复之前，已经悄悄替他把他的作品推向了市场。

尽管取得了这些成就，但当詹尼被谋杀、多纳泰拉正式取代他成为范思哲的创意领袖时，公司内外几乎没有人认为她能像她哥哥那样设计出标志性的时装。"没有人相信我——甚至包括我的团队，那些一直和我一起工作的人。对他们而言，我只是一个伟大天才的小妹妹。在20世纪90年代的意大利，作为一名女性，我在一家由男性主导的公司工作，这让我的处境雪上加霜。巨大的责任和全面的质疑令我备感压力。"尽管如此，她说，"当时，我从来没有过出售公司的念头，一丝一毫都没有。我绝不会放弃我哥哥创造的成果，不会让他的汗水和心血付之东流。我必须把这些留在家里，为了我的家，也是为了他。"

多纳泰拉为她的承诺付出了巨大的代价。"我几乎无法活下去。"她回忆道，"对于下一个时装系列，我的目光像隧道一样狭窄。我无法看得更远。我知道我一个人做不到，所以我一直向其他人征求意见，而不相信自己。我需要找到自信，但我周围似乎没有人对我有信心。我在董事会有一个席位，但在其他董事会成员眼里，我在那里只是因为我是创始人的妹妹，所以我说了不算。"

多纳泰拉失去了盟友，无法支撑她熬过哥哥去世的那段悲痛的时光。在公众眼中，她也无法接替他的位置。她需要变得强大，需要自我感觉强大，但权力还是与她相去甚远。

权力和权威不是一回事

尽管多纳泰拉的地位很独特，但她所经历的在公司高层中的无力感并不罕见。等级地位，乍一看，就像是权力的代表符号。组织架构图确实是识别有权力的人的第一步。在军队体系里，命令顺着指挥系统下发。在治国理政中，只有国家领导人才能发布政令。在商业活动中，经理可以雇用和解雇下属。在上述这些例子中，职位描述了一个人的权威，也就是他们拥有正式的命令发布权，以及做出决定的权力。

然而，大量证据表明，权威并不总是等同于权力。我们在英国国民健康服务（National Health Service，NHS）所做的一项研究发现，仅仅依靠正式等级作为权力来源非常有误导性。在一年的时间里，我们跟踪了68名医疗诊所的经理，他们都刚刚在自己的诊所里做了一些变革计划。其中一些变革推动者是中层管理者，而其他一些则是高管。但我们发现，管理者的级别和正式权力并不能提高他们所倡导的改革被采纳的概率。这并不是说等级制度不重要——在大多数组织中，这仍是重要的，就像在NHS中一样，但它并不决定一切。有多少权力是来自权威的，在各种情况下差别很大。[2]

首先，不同的文化赋予权威不同的重要性。例如，一项对花旗银行中国、德国、西班牙和美国分支银行的比较研究表明，尽管各国支行使用相同的组织架构图，但中国香港支行的员工比其他地方的员工更善于观察职场里的等级制度。[3]心理学家米歇尔·J.盖尔芬德（Michele J.Gelfand）在全世界五大洲的30个国家进行了文化规范的研究，发现这种对职级的遵从在拥有儒家哲学传统的地方很常见。儒家哲学传统认为，遵守明确界定的角色、责任和权威关系是维护社会秩序的必要条件。

盖尔芬德分析了组织、国家、社会阶层、社区以及国家中人们的行为，并将世界各地的文化从严格到宽松进行了划分。严格的文化，有更严格的社会规范和更高的社会秩序（新加坡就是一个例子），往往更遵守规则和响应权威。相比之下，宽松的文化没有那么多森严的等级。例如，在以色列，对人的昵称很常见，甚至可以用在地位很高的人身上。[4]（这就是以色列内塔尼亚胡总理被称为"比比"的原因。）

无论你的文化处于从严格到宽松中的哪个程度，对权力的限制都会影响到每个人。在民主国家中，哪怕是国家元首，他们也会受到政府和社会内部的制约和监督。弗朗索瓦·奥朗德告诉我们："事实上，我作为共和国总统的权力是被分享的。它属于总理、部长、中央机构、地方代表和公民社会。人们认为共和国的总统有权单方面决定改革，这是一种错误的偏见！事实是，权力只是让变革成为可能，而变革在我们的民主中往往是缓慢的，因为权力是分散的。权力是妥协的艺术。"[5]

你越早停止将正式的权威或等级与权力混为一谈，就越有可能在给定的环境中识别出真正的权力持有者，以及你是不是他们中的一员。正如我们所见，多纳泰拉·范思哲意识到了身处高位并不意味着真正拥有权力。但如果当老板还不足以让她拥有权力，那怎么才能做到呢？或者更广义地说，权力是如何偏离正式的等级制度而存在的？原因又是什么？

要回答这些问题，你需要识别组织所关注的资源以及控制这些资源的人。此外，你还需要了解，那些无法掌控这些资源的人是如何变得有影响力的。无论你是像多纳泰拉那样的名人或特权人士，还是像我们大多数人一样平凡，在行使权力和实现目标的道路上都充满了挑战。请和我们一起走这条路，我们会带你回到多纳泰拉的身边，看看她是如何在道路的终点找到权力的。

谁职位高，谁就一定拥有权力吗

20世纪50年代，法国一家烟草公司的研究人员开展了一项研究。这项研究成为理解人们如何在组织中积累权力的基础。[6]这家公司的工人向主管汇报，主管则向最高管理层汇报。生产过程中的每一步都经过了周密的计划和严格的控制。在这样的环境中，你可以预见到权力是按照严格的等级制度分布的，并属于最高管理层。他们有权力为工人设定目标、监督进展，以及解雇和雇用员工。但是，尽管这些高层管理人员的穿着和言谈让他们看似是工厂里最有权力的人，事实上他们并不是。生产工人们——大部分是在工厂里生产香烟的妇女——似乎并不太关心他们。相反，位于组织结构底部的设备维修工人似乎拥有最大的权力：每次他们要求生产工人做某件事时，工人们都会立即照办。这是为什么呢？

经过几天的观察和访谈，研究人员找到了答案：这家公司的机器很容易出故障。当机器出故障时，生产就会中断，不仅危及最高管理层设定的生产目标，还危及生产工人的工资，而工资是基于每天生产的香烟数量而得到的。只有设备维修工人有修理机器的专业知识。维修工们知道他们可以单独控制这种高度宝贵的资源，所以他们牢牢地掌握着自己的专业知识。

他们没有告诉生产工人如何进行基本的维修，也没有要求管理部门雇用额外的维修人员，而是故意把关键的维修知识私藏起来。并且，他们既不保留维修记录，也不保存维修手册。

根据员工的工作角色，他们可能拥有比正式级别所表明的更大的权力，因为他们控制着一种对组织生存至关重要的资源。这就是为什么在商业组织中，面向客户的盈利角色通常比后勤部门、成本中心的角色（如人力资源或会计）拥有更大的权力。因为后勤部门和成本中心不会对收入和利润产生直接影响。即使在非商业环境中，那些提供对组织使命和生存至关重要的资源的人，不管他们在正式的等级制度中处于什么位置，都是拥有权力的。

因此，虽然权威可以是权力的源泉，但它并不是权力的保证。所以，"权力只属于上层"是一种谬论，是我们必须揭穿的错误观念之一。权威让老板能够下达指令，但并不一定意味着人们都会服从。而那些没有正式权威的人，如果他们控制了关键资源，就可以影响他人的行为。有时，这种权力仅仅是一种角色的功能，就像法国香烟厂里的维修工人一样。但权威和权力之间的脱节也经常可以通过另一个方式——人际关系网络出现。

掌控关系，才能真正获得话语权

为了理解网络的力量，让我们从曼纽尔的故事开始。曼纽尔在一家大型国防承包商的飞机引擎制造部门工作，是负责重组内部审计部门的经理。

内部审计对这家公司至关重要，它必须遵守联邦政府的标准，并完美无缺地交付工作结果，以保持与美国国防部的合同有效。[7]当曼纽尔刚加入该部门时，该部门处理审计工作的时间比同行长28%。曼纽尔的经验使他明白，工作超时是由于审计员和行政工作人员之间缺乏协调造成的（图4-1为该审计部门的正式组织架构图）。

因此，曼纽尔推出了一些基本改革，而这些改革实施之前，他在其他部门已经成功使用过。他给每个审计员分配了一个专门的行政助理，并细心地将经验丰富的助理与表现最好的审计员安排配对，来处理复杂的审核任务。他还建立了一个时间表系统，使行政助理能够看到他们什么时候可能会收到审计员的协作要求。这让他们更清楚地了解自己的工作量，避免同时收到过多的审计协作要求。在实施之前，他给团队分了组，人们似乎对他提出的行动方案很满意。

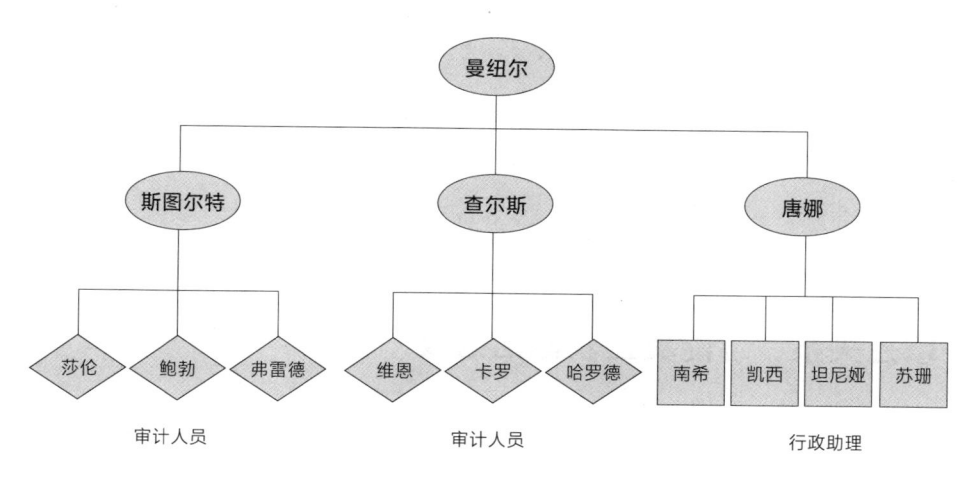

图4-1 审计部门的正式组织架构图

然而，几周后，工作积压的时间反而比以前更长了。面对这个结果，曼纽尔目瞪口呆。他实施的改革是明智的、没有争议的，但为什么它们没有起作用呢？他迫切地想知道答案。于是，他向组织学者大卫·克雷特哈特教授（Professor David Krackhardt）寻求帮助。克雷特哈特给出了一份简单的问卷，让每个团队成员描述他们在工作中遇到的问题。问卷的结果如图4-2所示，指向某一个人的箭头数量表示寻求该人建议和信息的人数。箭头数越多，说明这个人在审计单位的咨询网络中表现越突出。

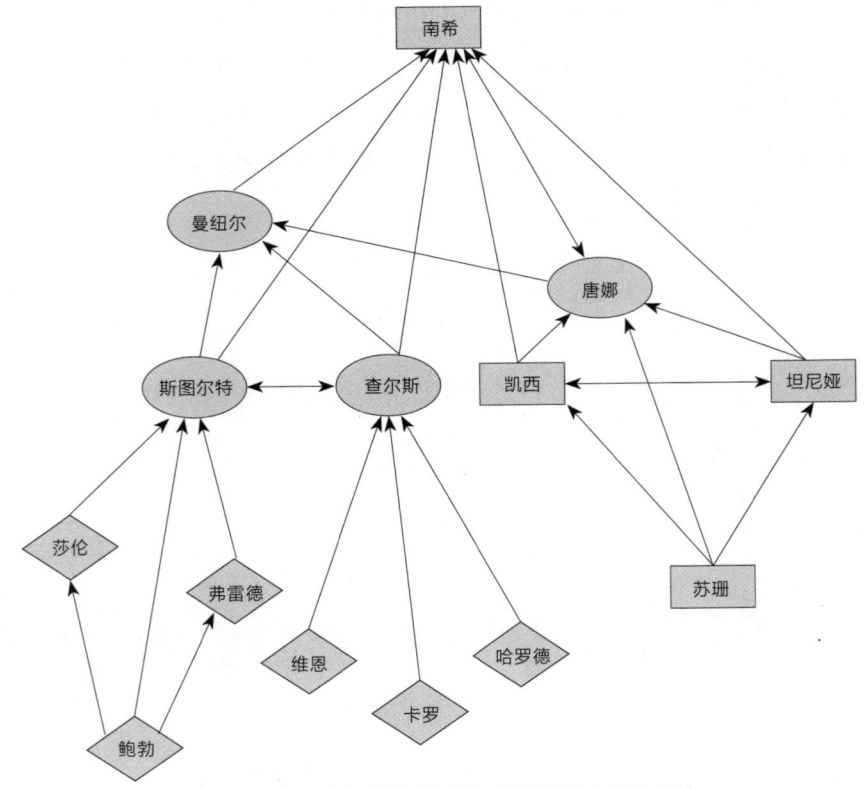

图 4-2　审计部门的咨询网络（非正式人际网络）

简单一瞥，曼纽尔就知道自己远不是部门中关系网最大的人。[8]这张图是有意义的，毕竟他是新来的。唯一向他寻求建议的人是直接向他汇报的经理们——这表明正式的组织架构图确实推动了每个组织中出现的非正式人际网络。[9]另外，图中南希几乎是每个人的咨询对象，包括曼纽尔本人。她可能在正式的等级架构中处于最底层，但她对组织中什么重要、什么不重要有着最深刻的理解。她知道哪些规则必须遵守，哪些规则可以改变。正如曼纽尔所说，她有一种"不可思议的能力，能够预测审计问题和有问题的审计，所以大家都去找她"。[10]

曼纽尔意识到自己忽视南希的观点和影响是愚蠢的。于是，他走到她跟前，问她对行政助理和审计员配对的意见。起初，她并不愿意分享自己的观点，因为他是她的上司。但经过一番思考后，她开口说"这并不是一个好办法"，不过她没有详细说明。曼纽尔猜测，因为行政助理已经习惯于自己来分配审计任务，现在他们失去了自主权，所以感到不满。在接下来的两个月里，他和南希制订了一个折中的方案，让行政助理在如何与审计人员合作方面拥有更高的发言权。一个月后，团队的整体表现超过了公司的预定目标。曼纽尔得到了一个关键的收获：推动变革需要识别和招募那些在组织网络中有良好关系网的人。[11]

还记得我前面提到过的呼叫中心的宁先生吗？他的工作能够有效开展，源于他激发了组织里上上下下的人对他的信任——对他提供帮助的意图的信任，以及对他实现意图的能力的信任。这些"可爱的明星"是最有可能被他们的同事发现，并且在沟通网络中成为连接最广泛的人。所有这些连接，反过来增加了他们获得信息、联系、机会和人们所珍视资源的渠道，这给予了他们权力。[12]一个有良好关系的行政助理，在产生变革影响时，可能比一个在组织网络中处于边缘地位的经理更重要，哪怕这位经理非常聪明并才华满溢。许多首席执行官和高管因为变革的失败而找到我们，他们以惨痛的方式得到了教训。你可以想象，当我们建议他们将某些领导职责委派给中层管理者时，他们的反应。在这种情况下，中层管理者可能比他们拥有更大的权力，但他们无法理解这一点，也可能不想去理解。然而，随着时间的推移，我们的建议得到了回报，结果不言自明：高管们看到了关系连接网作为权力来源的重要性。[13]

他们的错误在于将权威等同于权力。权威可以让你要求服从，却永远不能得到承诺。任何想实施变革的人，不管他们的层级有多高，都必须找到合适的人一起工作。即使是最好的变革，如果放在没有良好关系的人手中，也不太可能得以实施。

绘制权力地图，分析你所在组织的"权力结构"

当你面对一个你想影响的环境时——特别是当你有了新的角色、新的目标或实施组织变革时，了解谁是最适合帮助你的人至关重要。你需要得到帮助，因为变革的实施，即使是微小的改变，也是困难的。变革的信号会触发人的本能，警告可能会危及我们的安全。

实际上，我们天生就喜欢一成不变，抗拒变化，这种现象被心理学家称为"现状偏见"。这种本能如此强烈，以至于人们甚至会抗拒自己能够控制的微小改变[14]，比如更换牙膏品牌。当这种控制感丧失时，我们的防御警报系统就会大声地鸣响。这就是为什么我们会发现在组织网络中关系良好的人会是更有效的变革推动者。[15]因为其他人信任他们，而信任是产生影响的载体，尤其是当人们感到威胁的时候。

要减少变革的阻力，就需要揭开组织结构的面纱，诠释人们之间的关系，并建立一个详细的权力地图来回答以下问题：在你所在的圈子里、你所在的组织或机构里、你的行业或专业领域中，谁是拥有强大权力的参与者？这些参与者看重哪些资源？他们又各自拥有哪些有价值的资源？他们对这些资源有多大的控制权？这些参与者之间的联盟关系是什么？你和他们每个人的关系又是什么？

研究表明，绘制权力网络地图的能力本身就是一种权力。对20世纪90年代小型创业公司的研究显示，那些准确地了解谁会向谁征求建议的人，往往拥有更大的权力，而这与他们的正式级别和人际网络关系无关。这意味着，即使你不是高层领导，即使你没有一个强大的人际关系网络，也可以清楚地观察权力地图——谁与谁亲近，谁在影响谁，谁不可或缺，谁受赏识，谁会抵制或支持你。这一点非常重要。这些见解本身就是权力的源泉。权力地图可能听起来有些阴暗，但它是发挥积极影响的必要条件。

然而，人们往往很难画出准确的权力地图。他们会犯疏忽的错误（例如，没有发现某一个人的重要性，如曼纽尔所做的），也会犯程度上的错误（比如，误认为某人更需要建议）。这些错误并不奇怪，毕竟我们的观察力都是有限的，因为我们会局限于自己所处的社交圈，对离我们更远一些的人际网络一无所知。具有讽刺意味的是，当人们变得更有权力时，对自己之下的人际网络的洞察会变得更加不准确。原因是什么呢？就是自我关注的力量导致的——这并不是说高层的人比其他人都笨，而是他们确实倾向于忽视地位较低的人，而且不愿意费心绘制下属的网络地图。

在受控的实验室条件下进行的研究表明，自我感觉强大的人比自我感觉无能的人更不善于识别周围的社会关系。同样的情况也出现在对组织实际情况的调研中：一个人在组织中的层级越高——因此他们会感觉自己越有权力——他们对组织中员工之间的网络感知准确性就越低。

我们所发现的最优秀的权力地图绘制者，往往是某个社会环境中的最优秀的观察者。在我们有时必须忍受的漫长会议中，他们会仔细观察其他与会者的行为、言语和姿势，并分析与会者之间的互动，以获得宝贵的见解：谁服从于谁；会出现哪些结盟者；哪些冲突潜伏在表面之下；谁是核心角色，谁的影响力越来越大，谁的影响力越来越小；等等。还记得林登·贝恩斯·约翰逊警惕的目光吗？你也可以找个助手。一位我们认识的高管准备开始主持会议，她在会上会有长篇发言。于是，她带了一名非常善于观察的员工，作为她的权力地图绘制者。当高管在主持会议时，她的观察者就开始记录人们的肢体语言和行为。例如，当他的老板说话时，谁在认真听，谁在传字条。

通过这些观察可以回答的另外两个关键问题是：组织奖励什么行为？什么能让人获得加薪、升职或得到一份美差？这样，你就会知道公司的价值观（不管他们承认与否）。在寻求答案时，永远不要假设你知道别人在想什么。宁先生在呼叫中心的经历清楚地表明，人们的需求很少是公开、透明的。而你自己在权力网络中的位置，将决定你的优劣势：如果有广泛的人际连接，那你的权力地图可能会更精确，因为你获得信息的渠道非常多（这些来源也往往是人际关系连接广泛的人），能够告诉你谁拥有权力，为什么拥有权力。相反，如果你处于连接网络的外围，那你对它的看法可能会是片面的，因此可能会给你带来误导。

你如何知道自己在网络中是否拥有影响力呢？在我们的研究中，我们发现可以通过另一个提问来回答这个问题，这个提问非常准确：他人会向你寻求建议吗？如果他们这样做了，你就有可能影响他们，并同时向他们学习。如果不是你，那是谁拥有影响力？大家都向谁寻求建议？

如上所述，仔细观察可以帮助你得到答案。从和你亲近的人开始，你可以尝试问一些问题，比如："大家都听谁的？""谁成功了？""谁在苦苦挣扎？为什么？""为什么自从你加入后，这些地方发生了改变？"然后问他们："你还可以向谁学习？"这种滚雪球式的提问技巧能够增强你的洞察力，拓宽你的权力地图。

然后，你通过绘制权力地图，不仅可以发现谁更有权力，而且能发现谁可能成为你的盟友，谁会是你的对手，或谁可以被你说服。

识别支持者、反对者和骑墙派

当你要推进一项变革时，仅仅识别环境中有权势的人是不够的，你的权力地图还必须能追踪人们对你想实现的目标的看法。这就是为什么曼纽尔不仅要认知到南希是大多数人寻求建议的人，还要知道她对他的改革有什么看法。像南希这样有影响力的人——能够说服他人接受改变，并且对改变的成功至关重要——通常有三种类型：支持者，他们是积极的；反对者，他们是负向的；骑墙派，他们既看到了变革的好处，也看到了变革的缺点，所以对变革持矛盾的态度。为了达到你的目标，你应该努力与哪种人建立一种相互信任和相互喜欢的亲密关系？

"亲近你的朋友，更要亲近你的敌人。"迈克尔·柯里昂（Michael Corleone，"教父"系列电影中的角色）在《教父2》中这样建议道。他说得对吗？我们下定决心要找出答案。因为我们只有有限的时间和精力来建立一个支持者的联盟，所以我们要小心仔细地分配自己的资源。为此，我们对NHS研究中涉及的进行了改革的医疗机构进行观察，并且将这些机构最终的成功和失败，与他们推行改革计划时和他们亲近的有影响力的人联系起来。

我们的发现是这样的：与支持者保持密切联系并不是我们的首要任务。请不要误解我们的意思，你必须找出你的支持者，并让他们积极地参与其中。例如，让他们共同拥抱变革。但是，你和他们的亲密程度并不会影响他们对你的改革目标的接受程度。和你一样，他们也希望改革措施能被采纳。

相反，与反对者保持接近是危险的。你必须和他们谈谈，了解他们为什么会反对——他们可能有一个好主意，会让你重新考虑，但要小心他们可能对你产生的影响。你花很多时间和他们在一起，希望能改变他们，但他们最终可能会影响你。当变革相对温和的时候，比如像曼纽尔的改革，反对者可能会勉强支持，因为你是他们的朋友，他们可能想帮助你做成一些你相信的事情，或回报你过去对他们的善意。

但是，当你推动激进的变革时，温情的影响是远远不够的，反对者会以为这种改革将阻碍他们对有价值的资源的获取。在这种情况下，他们的反对会比他们的喜爱更强烈。而看到与你最亲近的人反对你的想法，可能会降低你对改革的热情，从而减少改革成功的机会。这是我们看到的改变者最常犯的错误：他们关注有影响力的反对者，试图接近反对者，相信这些反对者可以转变观点，并说服其他人加入。但这并不是它的工作原理，亲密的关系是双向的：反对者反而会说服改革者放弃他们的计划！

无论如何，你唯一需要与之保持密切联系的人，就是那些骑墙的人——迈克尔·柯里昂甚至都没有提到过他们。亲密程度在这里会影响一切结果，因为我们很少想让我们喜欢的人失望。换句话说，我们像是有一种社会责任感。如果我们摇摆不定，往往只需要一点点推力，就会动摇我们的信念。这就是变革推动者集中注意骑墙派并认真思考的原因。关键并不是去操纵他们对你的感情，请记住，亲密是建立在喜欢和相互信任的基础上的，而信任既珍贵又脆弱。关键是要投入时间和精力，向那些对你的变革项目持观望态度但与你亲近的人解释，为什么你真正相信需要改变。

掌握两种权力模式：内部与外部人际网络

如果你的野心扩大到你的部门或组织之外，想影响更大、更多样化的群体，你可能会遇到更大甚至是激烈的抵抗。在这种情况下，像南希那样仅在团队中有良好的关系是不够的，你还需要成为横跨多个群体的桥梁，获得网络专家所说的"中间键"（betweeness）。

顾名思义，"中间键"指的是"中间者"——连接两个没有直接联系的人或两个群体的桥梁。因此，"中间键"是一种权力的来源，因为这两个人或团体必须通过你来交换信息。作为桥梁，他们依赖你，因为你控制着他们对有价值的资源的访问，也就是他们之间的信息流。"中间键"还能让你接触到那些互不连接的组织中不为人知的信息。因为你可以控制何时以及如何分享这些不为人知的信息，所以你将处于一个比大多数人更有利的位置来绘制一张更加准确的权力地图，构建有价值的人际关系，甚至与人建立联盟，如图 4-3 所示。

为了说明这一点，让我们看看卡罗尔·布朗纳（Carol Browner）在担任美国国家环境保护局（EPA）局长时是如何使用"中间键"的。

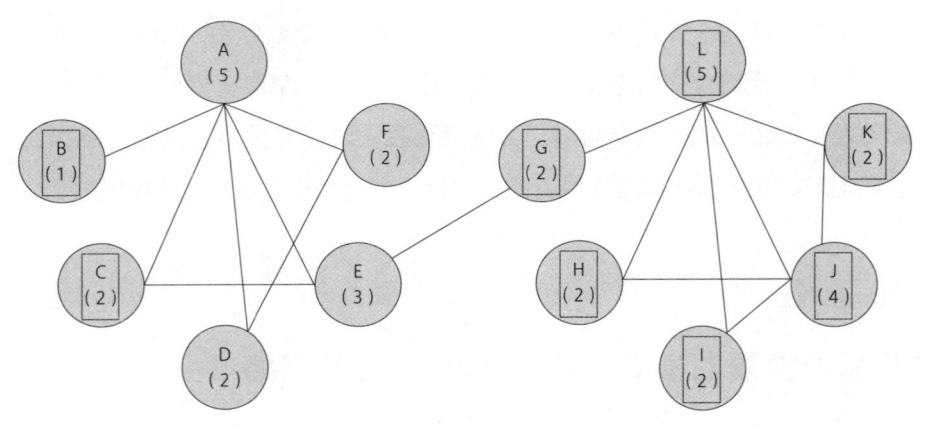

A 和 L 的联系最多（知名度高、受欢迎度高），但 E 和 G 是网络之间的信息中介（重要"中间键"）

图 4-3　在人际网络中获得权力的方法

在比尔·克林顿（Bill Clinton）担任美国总统两年后，共和党 40 年来首次赢得众议院多数席位。他们获胜的喜悦溢于言表。纽特·金里奇（Newt Gingrich）提出的"美国契约"代表了大多数新共和党成员的奋斗口号：减少政府干预，推进全面改革，减少监管，削减政府机构的预算。

在环保局，卡罗尔·布朗纳管理着 1.7 万名雇工和 70 亿美元的预算。环保局业务的核心就是监管和执行，所以共和党的攻击对环保局造成了沉重的打击。卡罗尔在白宫西翼（总统幕僚办公室）的同事警告她必须妥协。她反驳道："你知道吗，他们都是在胡说八道。人们可能会投票给纽特·金里奇，但他们不会投票给肮脏的空气和水。"她并没有像一些人所预期的那样做出退让，而是进行了反击。

试图通过与反对者建立密切的关系（在这个例子中，反对者是著名的共和党人）来获胜，是不可能的。"没有任何敌人是我们可以试图接近的……这些人恨我，因为我反抗他们。"卡罗尔告诉我们，"有一次，他们中的一个人真的从口袋里拿出《宪法》向我扔了过来。"即便如此，卡罗尔仍然做了每个变革者都应该做的事：倾听反对者的声音，理解他们的观点。

但她也明白，为了激发人们对环保局的支持，她必须打破华盛顿特区的限制，控制好舆论。她和她的团队与每一家报纸的编辑委员会都安排了说明会议，向他们表示：这是我们应对社区空气污染所做的工作，那是我们应对有毒的废物所做的工作，以下是我们为帮助你们的孩子不再哮喘和确保水龙头里的水清洁所做的事情。这就是你需要一名环保警察来巡逻的原因。

很快，她就有了与《纽约时报》社论版编辑的直通电话。但正如她向我们坦陈的，她也很害怕。她与众议院最有影响力的共和党人展开了较量，最终迎来了总统连任，而且她是在风暴中心做到的。媒体当然很喜欢这样的故事。

卡罗尔随后开始寻求与拥有不同权力的领袖、组织结盟，并接触到了跨领域的有影响力的人士。比如，美国儿科学会（American Academy of

Pediatrics）、美国肺协会（American Lung Association）的负责人，以及其他公共卫生和传统环保组织的负责人。他们继而开始在当地的报纸上发表评论文章，补充了卡罗尔与全国媒体的关系，并向代表当地利益的国会议员施加压力。她还深耕了与广播媒体的关系，这为她提供了另一个制造公众舆论的渠道。简而言之，卡罗尔建立了一个跨部门的多样化网络，成为组织之间的纽带，而这些组织通常无法协调一致开展行动。一次次合作，一次次采访，一次次发表意见，使环保局变得更强大，更有能力抵御监管的倒退。

如果卡罗尔·布朗纳只专注于在环保局内部建立大量网络联系，就不可能取得这样的成功。因为内部并不是她所需资源的唯一归宿。为了获得这些，她必须绘制一个更大的网络地图，并成为一系列不同人际关系的中心桥梁，每个关系人都能为她的努力贡献独特的资源。

分析权力地图，避开"人际关系洼地"

权力地图可以让你识别你所在的环境中什么是有价值的，谁控制着那里最令人渴望和最有价值的资源。就像在充满挑战的环境中徒步旅行，精密绘制的地图将帮助你安全抵达目的地。而没有地图，你面对的地形很快会变得危险万分。在这方面，阿卡什（Aakash）在投资银行界的坎坷之路为我们提供了一个令人警醒的故事。

阿卡什是印度人，他的职业生涯始于一家业界领先的美国投资银行的亚洲办事处。后来,他搬到加拿大攻读MBA。毕业后,他在多伦多一家顶级银行的投资并购部谋得了一个令人垂涎的职位。虽然阿卡什的履历十分出色,他在新工作中的经历却是残酷的。投资并购工作很难做:工作很辛苦,工作时间很长,工作压力很大。新员工在各种工作要求面前束手无策,而良好的同事关系是一种重要的应对条件。

但对阿卡什而言,他并没有天然得到这种同事关系的支持。作为团队中"唯一一个棕色皮肤的第一代移民",其他人并没有主动向他表示友好,而他试图与别人接近的努力也没有受到特别欢迎。没有归属感对阿卡什来说是第一次遇到。作为受过良好教育的印度人,他在东南亚工作期间曾享受特权。但面对现实,他并不畏惧。"我发现,像我这样的人在这种环境下,想获得一点权力的唯一方法就是拼命工作,要表现得非常出色,让资深的人对我有好感。"

阿卡什赢得了尊重,但付出的代价比他想象的要大得多。他获得的第一个评价来自经理,他对阿卡什的评论很直接——"我不喜欢像你这样的人",这个评价很刺耳。作为回应,阿卡什加倍努力,寻找他所能找到的最苛刻的老板。他找到的这位高管如此令人生畏和苛刻,甚至连同事中最有才华和雄心的同事都选择躲避他。

从某种程度上来说,阿卡什的策略获得了回报。他挺过了八个月的艰苦工作,出色地完成了任务,保住了一份会在一年内淘汰大多数新员工的工作,还赢得了团队中最苛刻和挑剔的老板的尊重和指导。"我交付了投行里最令人重视的结果:出色的投资并购产品。作为回报,我也得到了一些有价值的东西:我保住了我的工作。但我也因此失去了我最珍视的东西:我的妻子,我的朋友,我爱读的书……失去了所有让生活有意义的简单的乐趣。这就是后来我决定离开并加入另一家银行的原因。"

辞职换工作的风险比阿卡什预料的要大。意大利人常说:"走一条新路,走一条新路,走一条新路。"意思是:离开一条路的人只知道他们抛弃了什么,而不知道他们将会找到什么。在你进入一个新的工作环境之前,事先做一些调查是很重要的,以此确保你进入了一个对你有利的领域。这样,你就能控制那里有价值的东西。在匆忙离开一个不健康的工作环境时,阿卡什并没有意识到他对自己命运的掌控变得更少了。

在之前的职位上,阿卡什的工作是投资产品开发,不需要与客户进行太多的互动。而在新职位上,他最重要的工作却是获取新客户。这取决于他能建立的人际关系,让有权势的人把有利可图的业务委托给他。在这份工作中,最重要的是要让自己看上去与客户相似,要会说他们的语言,和"正确的"人建立联系,而不是为最难对付的老板投入更长的工作时间。

任何局外人都很难在派系林立的金融界建立人脉,但阿卡什告诉我们,直到他开始这份新工作,他才真正意识到,对于一个"长相不同、说话不同、思维不同"的印度人而言,要想在多伦多这个白人占多数的投行界获得客户是多么困难。他的长处——开发最好的金融模式和理财产品——不再是最宝贵的资源。认识到这种态势后,阿卡什的同事中为数不多的一位有色人种就辞职了。这个人说:"他们永远不会信任我们。如果你想在这个行业发展,这就是难以克服的困难。"

阿卡什被难住了。他可以承认失败,并得出结论:一旦你陷入"人际关系的洼地",即使你付出百倍努力,可能也比不上其他人。一个没有接触过加拿大精英商业圈和强大人际网络的人——换句话说,像他这样的人——就应该离开这种商业环境,重新找一个他可以成功的领域。但是,如果你不想仅仅因为自己不"符合"职业的主流形象，就拒绝放弃一份工作、一种职业或一次努力，你该怎么做？如果你想改变阻碍阿卡什这样的人成功的游戏规则，尽管他有过人的天赋和职业素养，那又该怎么办？对我们很多人来说，放弃既让人丢脸，又令人愤怒。那么，还有什么替代方案呢？值得注意的是，解决阿卡什困境的部分答案与之前我们说过的多纳泰拉·范思哲的故事有关。

扩展你的人际网络

到目前为止，我们的权力地图之旅揭示了决定谁能在任何情况下控制宝贵资源的关键因素。第一，正式的权威并不是权力的保证，多纳泰拉·范思哲的经历就能告诉你这一点。第二，无论职位高低，如果你的正式角色能让你掌控住组织获得成功的关键资源，你就能获得权力，正如烟草公司的设备维护人员所展示的那样。第三，如果你既没有高级职位，也没有对组织的成功至关重要的正式角色（比如你是一个像南希那样的行政助理），在这种情况下，你如果能够成为一个非正式人际网络中的枢纽，每个人都向你寻求建议，你就会变得有影响力。第四，拥有大量的联系并不是人际网络赋予你力量的唯一方式，你也可以作为网络之间的信息中介，控制对有价值资源的访问。第五，无论你在正式组织架构图或非正式人际网络中的位置如何，只要你清楚地知道谁重视什么，谁控制着那些有价值的资源，你就可以获得权力。据此勾画一幅权力地图是至关重要的，对于细心观察并善于提问的人而言，这并不难。第六，你不仅要知道谁有影响力，还要知道在这些有影响力的人中，谁更有可能支持你，谁更有可能反对你，谁更有可能骑墙观望，等待你的争取。第七，寻找盟友可以让你超越团队或组织的限制，正如环保局局长卡罗尔·布朗纳的精彩示范。最后，正如阿卡什的经历所证明的，冒险进入一个没有仔细勾画过权力地图的领域，将是危机四伏的。

在更好地了解如何确定在特定环境下谁拥有权力，以及人际网络如何成为权力的基础之后，我们回到多纳泰拉·范思哲在其兄长詹尼过早去世后的困境。正如你可能已经猜到的，我们将向你展示——多纳泰拉的人际网络对她最终的成功发挥了至关重要的作用。但你可以问问自己，你会建议她去寻找什么样的关系呢？她面临的挑战是，公司乃至整个行业的人都认为她缺乏对公司成败最关键的资源的控制——詹尼所拥有的非凡创意天才成就了范思哲集团。她必须改变这种看法，不仅在公司员工和行业高管的眼中，在她自己的心目中也要改变这种看法。但谁能支持和帮助她呢？她又应该依靠谁呢？公司内外的其他女性，或者是那些掌权的人——依然掌权的人——时尚界最强大的力量？

人们对职场女性之间的人际关系的刻板印象则指向了另一个方向。这种负面的成见认为女性之间是相互作对，甚至互相敌视的。这种负面的成见一直大行其道，并在 2018 年拉斯维加斯的一场演唱会上得到了淋漓极致的表现。当时，多纳泰拉的朋友 Lady Gaga 对观众说，音乐界支持她的女性的数量，她用一只手就能数得过来。很多人都认同这一观点，关于女性"猫斗"的成见依然存在，"蜂后"一类的人物也一直存在。而对于想往上爬的"工蜂"们来说，"蜂后"是最大的敌人。

相对积极的观点是，女性能找到彼此间的同盟，她们的共同经历为相互支持铺平了道路。举个例子，我们可以看一看奥巴马政府团队中的女性成员在奥巴马第一个总统任期中的"放大"策略，目的是相互帮助、让她们的意见被重视和倾听。一名女性成员提出一个想法后，如果没有得到认可，另一名女性成员会重复这个意见，并称赞她的同事提出的这个想法。

对女性之间的工作关系的哪种看法是正确的呢？当一位女性要建立职业关系网时，她应该优先考虑谁？是其他女性，还是男性？为了回答这个问题，我们和同事比尔·麦克艾维利（Bill McEvily）和伊芙琳·张（Evelyn Zhang）一起收集了一家北美大型银行的2000多名中层管理人员的数据，其中40%是女性。这些经理根据几个标准对他们的同事进行评价，其中包括积极性、可信赖性、能力、可靠性，以及是否愿意分享同事的人际关系和资源。我们分析了23648份评估问卷，得出了清晰的模式。

平均而言，男性在所有标准中对其他男性的评价都要高于对女性的评价——包括能力、可信赖性，以及同事在多大程度上能协助他们完成工作。你会问："那女性呢？"在所有标准中，女性对其他女性的评价也比她们对男性的评价更积极。性别团结的证据就是如此鲜明，以至于我们都有点怀疑——是不是因为这家银行雇用的女性人数相对较多，在某种程度上让它显得不太寻常？还是因为在2017年进行这项研究时，女性权利问题的新闻报道比以往更多，从而"扭曲"了人们的答案？为了验证结果，我们重新调出了2006年在一家总部位于美国的技术公司收集的数据。即使在这个男性占主导地位的环境中，我们也发现，在我们观测的9452份工作关系中，性别团结一致的模式是相同的。大体看来，在工作中，男性对其他男性很好，女性对其他女性也很好。

当我们与专业人士和学者分享这一发现时，最普遍的反应是惊讶。"真的吗？"他们问。女人通常和男人一样感到惊讶。

有个人有明显例外的反应，那就是多纳泰拉·范思哲。"我一点也不惊讶，"她告诉我们，"我在女性的团结中发现了巨大的力量。作为范思哲董事会唯一的女性，詹尼的去世让我原本艰难的处境变得更加有挑战性，也让我更加痛苦了。这些人没有一个听我的话，都不相信我。没有人给我所需要的支持。我为此拼命挣扎了好几年。我对自己充满了怀疑，于是我就戴上面具——确切地说，是画上浓妆，穿上令人生畏的一身黑衣，摆出一副永远不会露出笑容的严肃表情——在周围的人面前隐藏起了自己的弱点。"

随着时间的推移，多纳泰拉找到了让她获得有效支持的方法。"我遇到了一些坚强、意志坚定的女性，那种不会给你惹麻烦的女性。"她们中的一些人是时尚界的圈内人，还有一些是其他行业的高管和领导者。其中四个人成了多纳泰拉的盟友、参谋和建设性的批评者，并加入了多纳泰拉的董事会。"最后，我找到了对我的能力充满信心的人。她们推动我的思考，让我变得更好，而不是让我垮掉。内心深处，我一直知道自己有能力，但这些女性给了我自信。而在詹尼去世后的好几年时间里，我一直不自信。"

多纳泰拉的观点与一项旨在帮助新 MBA 毕业生获得领导职位的人脉网络研究的结论一致。不出所料，无论是男性还是女性毕业生，只要他们在 MBA 同学关系网中人脉广阔，就能获得更高级别的工作。但想获得权力最大、薪酬最高的高管职位，女性还需要做一件事：与其他女性建立联系密切的核心圈子。同时，拥有大量人脉和以女性为主体核心圈子的女性，其预期就业水平是那些人脉很少、以男性为主体核心圈子的女性的 2.5 倍。由于她们之间的联系紧密，这些女性同伴非常愿意彼此分享有关雇主和就业机会的隐性知识，以及有关性别的信息，分享在市场上对女性就业成功至关重要的新关系人。如果没有一群紧密团结的女性朋友，没有她们之间不遗余力的相互支持，那么女性获得有威望的领导职位的概率就会变小，即使她们的资历与男性同行相同。

这一发现既令人兴奋，又让人担忧。对于努力在男人的世界里立足的女性而言，能够依靠其他女性的理解和支持，而不是如人们通常想象的需要抵御女性之间的相互破坏，这能成为一种女性解脱和力量的源泉。但这是否也意味着，我们应该按照性别的不同构建人际网络，来建立自己在工作中的权力基础呢？为了寻求安全和尊重，我们是否应该不加思考地奔向与自己同性别的人呢？那么除了性别之外，还有哪些差异呢？之前我们提到过的阿卡什呢？其他面临政治环境挑战的社会团体——如特定种族团体、性少数群体或残障人士群体——在工作场所与他人交往之前，是否也应该先建立起关系网呢？

与相似的人建立联系是很有吸引力的，因为我们比其他人更了解他们。我们在他们身上能够看到自己的影子，并得到他们的认可。这是人类关系的一条基本法则：物以类聚，人以群分。然而，在你的人际网络构建中，需要谨慎依赖人口统计学中的相似性。首先，只有在你所属的社会群体用尽了一切可能的办法，在一定程度上能够控制宝贵资源的时候，团结的力量才能发挥出来。而当你所在的社会群体在你的总体工作环境中只占一小部分时，与你同类的人在其中占据强势地位的可能性就很小。

更重要的是，如果我们无法与异类的人建立联系，我们就是失败者。我们人际网络的广度——与我们联系的人的背景、视角和经历的多样性，以及他们将我们与不同社会群体联系起来的能力——为我们打开了各种知识、机会和创新的视野，这些都有助于我们成功，还能帮助我们绘制更准确的权力地图：给我们一个有利的位置，让我们有更广阔的视野观察所在的人际网络；能够让我们避免受到偏见的影响，而这种偏见的产生往往是由于我们总是与持相同观点的人接触。把自己限制在同类人的圈子里将难以进步，而且从长远来看，是有害的。这就是为什么当多纳泰拉·范思哲意识到她可以从女性团结中获得独特的力量时，她还是很谨慎地在范思哲集团的董事会中，保留了一个拥有不同背景和经验的男女组合的健康架构。

事实上，她的创意团队几乎代表了整个世界。"我到处寻访设计师，我们有中国、印度、英国、意大利、美国和菲律宾的设计师。我喜欢与他们之间的相互联系，他们带来了不同的世界观，以及令人难以置信的故事、最有启发的对话，这改变了我们的思维。"多纳泰拉告诉我们。多纳泰拉有目的地扩展广泛的人脉使她能够获得最为宝贵的资源：创造力。

寻找共同点，与资源拥有者建立联系

但是，你可能会反对，认为对于像多纳泰拉这样处于"食物链顶端"的决策者来说，接受多样性会更容易，因为他们可以自主选择谁来加入他们的团队。如果你不是高层，而掌权的人与你又截然不同，你又该如何建立一个强大的、多样化的人际网络呢？许多人每天都面临着这个艰巨的挑战。挑战成功的概率似乎很低，因为你会被要求与他人建立有意义的联系，但你在文化和生活经历上与他们存在如此巨大的差异。相似度是人际关系融洽的一个重要因素。我们很自然地愿意与同类的人建立联系，因为他们认可我们的身份（能提高我们的自尊），而且他们的言行更容易预料（给我们安全感），但相似有很多种形式。

我们都围绕着社会学家所说的社交焦点（Social Foci）来组建我们的人际网络。这是依靠一起参加活动、有相同的兴趣或隶属关系，来给志趣相投的人建立关系、提供机会。阿卡什要想在新工作中表现出色，就需要与一些重量级的企业高管和投资者建立联系。相关的社交焦点可能包括高尔夫俱乐部或他们就读的私立学校校友会，而阿卡什被排除在了这些圈子之外。

但专业人士告诉我们，他们其实还有其他共同的兴趣和圈子，这给他们建立真实而有意义的联系提供了办法，而这对他们的成功非常重要。其他的兴趣和圈子与他们所处的社会地位其实并无太大关系。例如，多伦多商界的许多知名人士都投身于人道主义和社会公益事业。我们看到像阿卡什这样的专业人士也加入了这些活动，并通过这些活动找到了与别人共同的兴趣基础，进而围绕这个基础和那些与他截然不同的人建立起了联系。这也适用于加入——或者更恰当地说是发起——那些由基层员工主导的活动。在这些活动中，参与者有机会建立起跨越职能边界、超越上下级关系的人际网络。有时候，社交焦点仅仅是两个人意外地发现，他们拥有共同的个人兴奋点和特殊兴趣，从而使关系更加亲密。

要想在不可能的地方找到相似之处，你必须善于提问并能够仔细倾听别人的故事。通过密切观察，你会发现你与对方有一些共同的经验、共同的兴趣，它们把你们联系在一起。这并不容易，有些人会面临巨大的障碍。

但几乎每个人都能在别人身上找到一些共同点，从而与那些掌握宝贵资源的人建立起真正的联系。

假设你想做的不仅仅是与权力拥有者建立关系呢？如果你想改变权力的拥有人呢？这就是阿卡什最担忧和最大的挫折：他被认为并非一个能力强的专业人士，而是一个有口音的棕色人种。这让他感到颇不公平。你还可以想象一下那些比阿卡什还弱势的人的感受。如果我们无法从根本上改变这个系统会怎么样？如果我们试着去改变赋予人们价值和贡献资源的方式呢？我们在现实生活中能挑战这些权力架构吗？是的，我们所有人齐心协力就都能做到。在第 6 章里，我们将看到如何才能做到。

但是，如何打破根深蒂固的权力等级呢？首先，我们需要了解：权力等级是如何产生的？为什么这么难以打破？人们什么时候会有动力和机会去改变它们？我们接下来就讨论这些问题。

05

打破权力制度：
"弱者"也可以拥有影响力

如果说一个人不能"拥有"权力，同时权力也不只是预留给顶层阶级的人，那为什么我们经常看到权力在某些群体中稳步积累，而不断绕开另一些群体？权力等级制度的稳定性是一个神秘而又不可否认的事实：中国经历过几千年的王朝统治，而欧洲几百年来都是世袭君主统治，起源于古代的种姓制度至今仍是对印度民主制度的挑战。而且，纵观历史，男性在世界各地的社会中都不成比例地拥有更多权力。

奴隶制也许是权力等级制度中最臭名昭著的例子，没有什么是比对其他人类个体的"所有权"更严重、更不公平的权力差别了。然而，在美国，财产性的奴隶制度持续了几代人，直到南北战争几乎将国家一分为二后才得以终结。即使南方在军事上大败，也没有消除白人比黑人享有更多特权的种族等级制度。

《美国宪法第十三修正案》也许已经禁止了奴隶制度，但在第一批被奴役的非洲人踏上弗吉尼亚的土地400年之后，白人至上的神话仍然在塑造着美国的社会制度。比如，刑事司法案件中过多的黑人嫌疑人，以及公司董事会中过少的黑人代表。在美国，黑人更有可能在政治上被剥夺公民权，在经济上陷入贫困，在警察手中还更容易受到虐待。2020年春天，布伦娜·泰勒（Breonna Taylor）和乔治·弗洛伊德（Jeorge Floyd）被谋杀的事件足以提醒人们，美国黑人遭受暴力、不公正待遇和遭受痛苦创伤的漫长历史仍在继续。

奴隶制、王朝统治、系统性的种族主义和性别不平等，所有这些背后都有着相同的背景和逻辑结构。事实证明，权力等级制度是抵触变革的。这些权力结构之所以如此持久，是因为权力是具有黏性的，也有惯性。一旦权力以某种方式被分配了，随着时间的推移，由此所产生的等级制度就获得了合法性的光泽。于是，它成了事物的自然秩序，而我们忘记了其实是别人之前创造了这种权力秩序。[1]幸运的是，人类自己创造出来的东西，人类也能够改变它。[2]黏稠的延续性和总是出现停滞不前的现象，是不一样的。

然而，在学会如何打破权力等级之前，我们需要了解什么是巩固权力等级的力量。

权力的等级体系可以被改变

简·艾略特（Jane Elliott）是一位与众不同的小学老师。1968年4月4日，她打开电视，看到了马丁·路德·金被暗杀。悲伤和绝望淹没了艾略特，她决定要做点什么。她想知道，她怎么才能让艾奥瓦州一个小镇上的白人三年级小学生们看到黑人每天所遭受的不公平待遇。

第二天，当她的学生们到达学校后，她按照眼睛的颜色把他们分开。

"棕色眼睛的同学是这个房间里更优秀的人，他们更加干净和聪明。"她解释道，"智力是由人体内黑色素的水平决定的。一个人的黑色素越多，他的眼睛就越黑，因此他就越聪明。"然后，她给了她那些棕色眼睛的学生一天的优待。他们可以直接在水龙头下喝水，而蓝眼睛的学生必须用纸杯。当一个女孩问"为什么"时，一个棕色眼睛的男孩插嘴说："因为我们可能有什么天赋。"艾略特点头表示同意。课间休息时，她给棕色眼睛的孩子们多五分钟的游戏时间，而且她更多地表扬他们。[3]

艾略特注意到，孩子们的行为很快就发生了变化。那些棕色眼睛的孩子进入了她人为创造的权力等级体系的顶端，一整天都非常自信。他们很快变得居高临下，甚至侮辱蓝眼睛的同学。相比之下，蓝眼睛的孩子变得更加胆小和沮丧。他们开始在平时能做得很好的功课上犯一些低级错误。棕色眼睛的孩子们开始联合起来对付蓝眼睛的孩子。在一天结束的时候，艾略特要求她的学生们写下他们所学到的东西。三年级的黛比·休斯（Debbie Hughes）写道："在艾略特老师的房间里，棕色眼睛的人会歧视蓝色眼睛的人。我有棕色的眼睛。只要我想，我就能揍他们。"

第二天上课时，艾略特翻了翻书本后，告诉她的学生们，事实上，蓝眼睛的人比棕色眼睛的人更优秀。同样的情况也发生了，只不过这次是相反的。一天过后，黛比·休斯写道："我想退学……我觉得自己已经疯了。这就是被歧视的感觉。"

这项研究并不是为了说明种族等级制度是可以轻易逆转的——很明显，在现实中，它们是不可以逆转的，而是强调出生在一个特定的种族、社会经济阶层或性别社会中的人，会无法控制地受到外部环境的影响。一些人指责艾略特老师的行为是不道德的，他们认为她没有事先获得家长的许可便那样做，给学生造成了"巨大的心理伤害"。[4]然而，很多人——包括孩子们自己在内——无论是在当时还是在后来的生活中，都称赞艾略特给自己上了重要的一课。

艾略特的实验强调了可以用来创造权力等级并使之合法化的两种杠杆：权威和叙述。她利用自己作为教师的权威所产生的权力，人为地创造了这种等级制度，然后用一个"正当化的叙述故事"来证明并强化这种等级制度——所谓的黑色素与智力之间的关联，这利用了学生们对科学的尊重。当然，是艾略特捏造了这种"科学"，但这段插曲表明，权威人物可以轻而易举地建立权力等级制度。虽然我们自以为作为成年人，我们不会像艾略特的学生那样容易受影响，但她的实验让我们了解到，当我们经历了数年、几十年甚至几个世纪的权力等级制度后，它会对我们产生多么深刻的影响。

不要对"权威"唯命是从

权力等级制度持续存在的主要原因之一，就是我们倾向于服从权威。在这方面，我们愿意走多远？远得令人震惊，正如2010年一档法国电视节目所展示的那样。[5]在节目中，两名选手组成一个团队进行比赛，其中一名选手向另一名选手提问。共有27道问题，都与被调查者在游戏开始时要记住的几组单词有关（比如，驯服的动物、乌云密布的天空等）。这场比赛具备了所有常见的智力竞赛节目的元素：知名主持人、灯光和摄像机，还有不停喊口号的观众。然而，这个节目的设置却很不寻常：提问的选手坐在一组电门开关前,而回答者则坐在电椅上,并且被关在一个封闭的大黑盒子里。

比赛开始前,主持人宣布了比赛的规则:每次回答者答题错误,他们的队友就必须对他实施电击。每答错一次,电击的强度就会增加,直到达到可以造成严重身体伤害的程度。赢得比赛只有一个标准,那就是回答对这27道问题。无论回答者回答错了多少次,只要错了就必须被电击。另外一个规则是,由于该节目仍处于试验阶段,参赛选手除了获得一小笔报酬外,不会获得任何奖金,但未来的选手可以赢得最高100万欧元的奖金。

随着游戏的进行,电击变得越来越强,坐在电椅上的选手发出的不适呻吟变成了痛苦的尖叫。当听到被电击的队友说想停下来并要求被放出去时,一些参赛的提问者犹豫了。然而,主持人坚持让提问者继续提问:"按照规则,你必须继续。""继续提问吧,我们承担全部责任。"观众们鼓掌欢呼,敦促比赛继续进行。观众和提问者都不知道,这并不是一个真正的电视节目。黑盒子里的参赛者其实是演员,并没有受到电击。这是一个实验,旨在检验人们愿意在多大程度上服从电视主持人的命令。它的灵感来自一项著名但有争议的研究,该研究是由耶鲁大学新任命的28岁的心理学教授斯坦利·米尔格拉姆(Stanley Milgram)于1961年发起的。

那一年,电视上轮番播放了对阿道夫·艾希曼(Adolf Eichmann)战争罪审判的现场报道。艾希曼在实施希特勒的"最终解决方案"中发挥了主要作用。米尔格拉姆教授是犹太移民的儿子,他在战后密切关注着纳粹领导人的命运。他注意到,像艾希曼一样,被指控者常常为自己的行为辩护,说他们只是在执行上级官员的命令。他想知道,这种基本的情况——对权威的服从——能在多大程度上解释艾希曼和其他参与大屠杀暴行的人的行为。

于是，米尔格拉姆在耶鲁大学的心理实验室开展了一项实验：参与者以为自己正在参与一项关于记忆和学习的研究，科学家要求他们在自己的搭档犯错误的时候对搭档进行电击。大多数研究参与者——整整65%的人，遵照了实验者的指示，对自己的搭档施加了最大达到450伏的电击（其实并未真正施加）。[6]米尔格拉姆总结道："在僵化的规则下，好人也会屈服于权威的要求，做出冷酷而严厉的行为。"[7]

你怎么看那个法国电视节目？在节目里的权威人物并不是顶尖大学的科学家。电视节目的力量能与科学的力量相提并论吗？但是，实验的结果甚至让设计这个实验的社会心理学家都感到了震惊：72%的参赛者最终实施了最大电击！[8]这个节目的参与者也不像耶鲁大学的实验参与者那样都是年轻人。在这个节目的76名参与者中，性别差距几乎是一半对一半，平均年龄为39.7岁。一位参赛者至今仍然被这段经历所困扰，他说："我一直都想停下来，但我就是停不下来。我自己没有发起电击的意愿，这违背了我的本性。"[9]这就是服从权威的结果：会导致我们违背自己的价值观。[10]

如果我们参加了米尔格拉姆的实验，或者是成为法国这个电视节目的参赛者，我们敢违反规则吗？如果我们出生在1920年左右的一个德国中产阶级家庭，我们会谴责纳粹建立的权力等级制度吗？我们喜欢各种设想，但这些实验告诉我们不要过高地估计自己。

政治哲学家汉娜·阿伦特（Hannah Arendt）参加了艾希曼的审判，亲眼观察了这位所谓的大屠杀策划者。她发现艾希曼是一个"非常、非常正常"的人。[11]她得出的结论是，与其说他是一个阴谋家，不如说他是一个官僚，遵从命令而不考虑后果。阿伦特对"邪恶的平庸"的著名描述是，权威可以轻而易举地将艾希曼这样的人变成一种造成难以言表的伤害的工具。平庸不能成为邪恶的借口，阿伦特支持对艾希曼的死刑判决，认为"在政治上，服从和支持的性质是一样的"。这带给我们的教训是，我们需要承认权威的诱惑，保持对权威的警惕，在必要的时候鼓起勇气，不要服从。权力在很大程度上具有黏性，因为权力很难抗拒。

摆脱权力的副作用：自私、行为倾向和逐利

权力等级制度也具有黏性，因为掌权者会主动（有时是无意识地）维持现状。社会心理学家已经发现了几种机制，这些机制使掌权者能够保护和巩固他们的地位。[12]其中有三个关键点：缺乏同理心、强化代理意识和将自己的行为视为合法的倾向。

我们在第2章中看到，自我感觉更强大的人往往会变得更以自我为中心，因此也就更缺乏同理心。[13]不去了解或不关心他人的感受和想法，会让你更容易只关心自己，更加囤积资源，而不是与他人分享。因此，权力之所以存在，是因为权贵们忽视了他们与别人的相互依赖，而其他人也和他们一样需要资源。

权力也带给我们更大的掌控感，鼓励我们采取行动。在一项实验中，心理学家让参与者写下让他们感到强大或无力的时刻。[14]这个实验的关键设计是这样的：在写作的时候，每个参与者都独自坐在桌前，一个风扇会直接吹到他们的脸上。这个实验其实并不关心他们写了什么，而是关注那

个讨厌的风扇。他们会搬走它吗？会把它关掉吗？还是会让风继续吹，同时按住纸以便写字？结果表明，那些写下自我感觉强大的人，比那些具有无力感的人更有可能起身去关掉风扇或把风扇移开。

虽然这个例子看起来可能微不足道，其洞察的现象却不容忽视。那些自我感觉有权有势的人更有可能为了让自己舒适而打破现状。这项研究只是展现了众多类似现象中的一个，这些现象表明，那些感觉自己有权有势的人更容易对冒犯行为做出反应，更容易实施计划和承担风险。相比之下，那些感觉无能为力的人则更容易接受现状，尽管它可能令人不快。

最终，当有权力的人真的采取行动时，他们更有可能认为他们的行为是合法的，即使这些行为是不道德或非法的。[15] 他们会让自己相信，他们的地位是自己赢得的——尽管有证据表明事实恰恰相反。因此，既然认为自己的权力是正当获得的，他们就有权保留它，并按照他们认为合适的方式使用它。在另一项实验中，研究人员向参与者展示了一张图表，上面描绘了过去30年美国平均家庭收入的变化情况。在被问及为什么收入最高的5%的家庭的平均收入大幅上升，而其他家庭的平均收入却持平时，认为自己地位较高的参与者更有可能将这种收入差距归因于自己有能力和努力工作——他们认为自己的特权地位是理所应得的！

总而言之，权力增加了人们的行为倾向和利益获得感，却降低了他们同情他人的能力。这是一个有风险的三重奏，因为它使强大的人特别善于为自己和他人的行为进行辩护，并使他们获得对有价值资源的更强大的控制，而这反过来又进一步加强了他们的权力。

打破自卑，勇敢迈出改变的第一步

上层人士并不是唯一为巩固权力等级制度做出贡献的人。这听起来可能有悖于人的直觉，就像强大的人会维护现状一样。研究发现，被现状伤害的人往往也会这样做，而且往往是无意识的。这并不意味着弱势群体要为自己的处境负责，但它确实有助于解释这些权力差异是如何反复出现并被强化的。

"缺乏权力"，顾名思义，就是剥夺了人们对宝贵资源的控制。对于弱势群体来说，生活充满了不确定性和被剥夺感，这削弱了他们的安全感。这种不稳定和缺乏控制带来的心理影响，会让人持续寻求秩序、可预测性和稳定现状。矛盾的是，这会促使无权力的人认为现行制度是好的、公平的、不可避免的，甚至是可取的。因为对那些处于依赖状态的人来说，自认为世界是可预测的、权力分配是合法的，会是一种安慰。这就是为什么没有权力的人，即使现有制度违背了他们的利益，他们还是会有意或无意地倾向于证明其合理性。

对现状合法性的维护，在很多情境下都能够看到。那些在经济上更依赖于工作的员工，往往会更加倾向于认为上司的决定和指示是合理的，而不管上司是否公平。在实验室中，被实验诱导感到无能为力的参与者，则更有可能认为社会是公平的，相信人们会得到他们应得的。在美国全国调查研究中，低收入的受访者比高收入的受访者更有可能相信，需要在薪酬上有很大的差异才能培养人们的积极性并激发其努力。

不仅弱势群体会相信当前的体系是事物的自然秩序，其他人对他们的看法还会强化他们的信念，让他们认为自己"不够好"，引导他们通过行为进一步证实这种看法。这种自我实现的预言就发生在简·艾略特的实验中，也发生在世界各地的教室和工作场所中。当蓝眼睛的学生处于等级的最底层时，他们很难完成平时可以轻松完成的任务。他们很快就把老师编的故事内化成了棕色眼睛的优越感和自己的自卑感，并认为这是正当的。这对他们的表现产生了负面影响。这是一种行为确认反应，通过这种反应，人们会调整自己的行为，最终实现别人对他们的期望。而这有助于进一步维持权力等级。

这种现象可能会加剧恶性循环，因为当权者随后会利用无权者的糟糕表现来使自己的地位更加合法化，使现状更加稳固。无权力的人会认为自己仍然是无权力的，并相应地调整自己的行为。绝望和权力被剥夺会导致无权者的不作为，最终与掌权者共同维持现状。

讲故事为自己造势

我们现在可以理解为什么权力优势和权力劣势都会不断重复现状，但在权力等级制度的维持中，我们仍然缺少一个关键因素：我们为维持现状而讲述的故事。回顾过去，你会注意到那些把自己置于权力顶端的人并不是简单地宣称自己至高无上。他们编造出了证明自己地位的正确说法，讲故事是最有效的说服工具之一，因为它们不仅诉诸理性，也诉诸我们的情感。

从古至今，在世界各地，各种形式和不同套路的故事都有明显的相似之处。依赖宗教信仰是一个普遍的特点。公元前18世纪，汉穆拉比国王制定了《汉穆拉比法典》(*Code of Hammurabi*)。这部法典由282部法律组成，涉及从盗窃、贸易到乱伦和家庭生活等方方面面，在男女之间，富人、穷人和奴隶之间建立起了明确的等级制度。汉穆拉比宣称，众神召唤他在巴比伦的土地上传播正义，并确认了他和法典都具有无可争议的合法性。

虽然法典的传播细节已经消失在历史长河中，但现在人们认为它是通过泥板、石板或石碑传播的。其中在苏萨（Susa）发现的一块石碑，让我们更加清晰地洞察到这部法典所彰显的汉穆拉比与神的特殊联系——在石碑的最顶端，在律法文本开始之前，我们看到汉穆拉比从巴比伦神沙玛什那里收到法典的描绘。作为世界上最古老的法律体系之一，《汉穆拉比法典》将人分为两种性别（男人和女人）和三个阶层［富人、自由人（或穷人）和被奴役者］。由于国王与众神的神圣关系，这种社会秩序在汉穆拉比死后的很长一段时间里被写入各种法律，从而延续了这种等级制度。

汉穆拉比并不是唯一的例子，恺撒大帝声称自己是女神维纳斯的后裔，而法国和英国的国王则以其神圣的血统来证明他们对臣民的绝对权力。君主们用奇迹的故事来增加自己的神秘感，比如"来自国王的触摸"被认为可以治愈淋巴结核。作为宣传活动的一部分，这些治愈奇迹的消息通过各种书面报告、布道和公共仪式，在君主各自所辖的地区传播开来。所有这些都加强了他们权力来源的神圣性。绘画和雕塑也被用来展示统治者的仁慈和权力。身着华服、将神圣的双手放在患有毁容疾病的同胞身上的君主形象，可能会让你在逃税或（但愿不会）公开反抗之前踌躇三思。

关于人类生理或生理差异的神话，也为证明权力等级制度的合理性提供了"肥沃的土壤"。例如，认为女性不如男性有能力的观点。几千年来，为了证明父权制度的合理性而编造的故事不断被传播，更强化了这一观点。英国古典学家玛丽·比尔德（Mary Beard）启动"妇女和权力"（Women and Power）宣言时，讲的故事是"世界上第一个男人让女人闭嘴的历史记录"——荷马（Homer）的《奥德赛》（*The Odyssey*），故事中讲到尤利西斯（Ulysses）的儿子忒勒马科斯（Telemachus）对他的母亲佩涅洛佩（Penelope）说"回到你的住处去吧"，因为"演讲是男人的事"。

随着科学知识的崛起，一些人用伪科学的发现来为这些故事添柴加火。在20世纪早期，生物学家帕特里克·戈德斯（Patrick Geddes）和约翰·阿瑟·汤姆森（John Arthur Tomson）得出结论，因为男性的精子小和活跃，而女性的卵子一般大且相对静止，男人自然就"更加活跃，精力充沛，充满渴望和激情"，而女性就"被动、保守、缓慢和稳定"。今天，科学界拒绝接受这种荒谬的说法。同时研究发现，男女之间的认知差异即使存在，也是极小的，与生物学上的功能无关。

事实上，几十年来，关于性别行为差异的研究表明，许多差异都与获得权力的不同途径有关。正如我们所见，当现有的权力等级制度将一个群体排除在外时，其成员往往会无意识地重复这些等级制度的运行方式。对于女性而言，这意味着接受低人一等的待遇，并相应地调整自己的行为。而男性已经掌权了几个世纪，他们的行为受到传统思想的影响，也为巩固等级现状做出了贡献。因此，观察发现，男女行为存在差异，与其说是生理不同的结果，还不如说是故事塑造了我们的认知，进而塑造了我们的行为。正如西蒙娜·德·波伏娃（Simone de Beauvoir）所说："女人不是天生的，而是后来变成了女人。"

使用伪科学的证据来证明歧视合理性的故事尤其有害，而且不仅限于针对女性。从 16 世纪开始，欧洲探险家和殖民者在其到达的大陆上，发现自己与当地土著人的科技水平差异极大。这助长了他们对自身先天优越性的执念，并以此证明他们用一切必要手段"教化"土著居民的努力是合理的。殖民者还利用科学进步和新的理论来使他们的主张合法化，并为奴隶制和殖民主义辩护。举例而言，他们引用英国自然学家查尔斯·达尔文（Charles Darwin）的进化论解释说，土著居民的流离失所和灭绝，以及跨大西洋奴隶贸易的发展只不过是适者生存罢了。

除了道德上不可接受之外，这些种族主义观点在经验上当然也是站不住脚的。先进的技术（如武器和船只）、对疾病的抵抗力和政治智慧推动了欧洲人在美洲和整个非洲的探索和征服。这更多地与地理上的好运气有关，而无关于任何生物学上的优势。美国地理学家、人类历史学家贾雷德·戴蒙德（Jared Diamond）阐释了营养丰富的农作物和家畜的驯化是如何加速农业生产，并进一步带来人口增长和劳动分工的，随后产生了复杂的政治实体（国家），并有了武器等创新技术。并没有可靠的证据表明不同人种在技术和发展方面的差异源于人种智力上的差异。

然而，伪科学家们编造一些危险的故事，不仅为了证明在殖民主义和奴隶制的背景下对他人的不人道对待是正当的，还为了证明本土的贫富差异是正当的。英国博学多才的弗朗西斯·高尔顿爵士（Sir Francis Galton）在 1883 年创造了"人口改良学"（eugenics）一词，他的思想在全世界引发了一场运动，在美国尤其活跃。"人口改良学家"声称，在穷人和移民中普遍存在的"弱智"是一个遗传问题。这种合法化的叙述，从来没有任何有力的科学依据，却被用来证明穷人应该留在社会地位的底层。尽管科学已经证实，贫穷在很大程度上是一个社会问题，而不是生物学问题。但是，穷人存在懒惰、不像其他人一样聪明的情况，因此还有人认为穷人理应留在社会底层，并以此继续为不平等的理论狡辩。

最近，另一个披上合法化外衣的神话开始流行——精英体制（meritocracy）。在精英体制中，权力理应由最有才华和工作最努力的人掌握，而不考虑其他因素——比如，人口统计数据、家庭关系或继承的财富等，暗示那些没有成功的人实际上缺乏必要的能力或体力。通过白手起家的男人的故事，以及最近新增加的女性成功者的故事，精英体制统治的神话已经在许多资本主义社会中变得盛行起来。这些男人白手起家，凭借非凡的能力和勇气，完全依靠自己的力量登上了权力的宝座。书籍、电影和媒体刻画了这样的人物形象，他们的致富结果成了成功的标志。这种叙述进一步强化了精英体制的理念。

当然，一个人的能力和努力是重要的，应该得到认可，但精英体制的问题在于，它假设了游戏规则对每个人都是一样的，而现实并非如此。经济学家和社会学家早就证实，一些人贫穷的原因并不是他们天生就缺乏能力或不那么聪明。相反，他们的贫穷主要是受到社会资源分配不均的制约。他们无法进入高质量的学校，无法建立有影响力的人际网络，也无法加入那些顶尖孩子很容易参加的课外活动来丰富自己的简历。因此，在社会中强调个人的责任往往是不正确的。然而，正如哲学家迈克尔·桑德尔（Michael Sandel）所言："当精英体制的分类机器完成了它的工作后，那些处于顶端的人很难抵制这样一种想法：他们的成功是理所应当的，而那些处于底层的人也理应是他们现在的地位。"这些"表面上唯才是举"的神话就是这样证明和加强当前的权力等级制度的。

不管是根植于宗教、伪科学、对精英体制的信仰，还是其他一些旨在将等级制度合法化的神话，我们对自己讲述的维持现状的故事都是那么理直气壮。最终，我们会把现有的等级制度视为理所当然。等级制度变得无处不在，就像我们呼吸的空气一样自然。我们开始认为这是"经济中的常态"，而事实上，将其看作"政治中的常态"更为准确。

等级制度根植于我们的文化规范中，从媒体报道的内容和方式到学校里教授并被写入历史书中的内容，它们已经渗透到了我们的社会规范和政治政策之中，影响我们判断什么是可接受的和合法的。结果，权力等级有效地操纵了这场游戏，压制那些仍处于底层的人。即使神话被推翻，等级制度也不会立即消失。相反，它们可能演变成模式化的歧视，塑造我们对他人阴险的偏见，即便是针对素未谋面的人也是如此。总之一句话，等级制度已经变成了根深蒂固的刻板印象。

摘掉有色眼镜，消除偏见

在不同程度上，我们都会接受某种偏见，不管是有意还是无意的。同时，我们也都会持有一些偏见。20 世纪 90 年代，一组心理学家设计了内隐联想测试（Implicit Association Test）来衡量一个人的无意识倾向，将特定群体的人与刻板印象联系起来，并在此基础上对他们进行积极或消极的评价。针对年龄、种族、体重和残疾等不同主题的内隐联想测试问卷，可以在网上免费获得。数以百万计的人都已经接受过测试，这表明无意识偏见是多么普遍。它们对人们感知和行动的影响是微妙的，却也是强大的。对我们中的一些人来说，它们可以限制我们获取有价值资源的能力。

谢丽尔·多尔西（Cheryl Dorsey）作为一名美国黑人女性，切身体会到了自己所受到的歧视。她清楚地记得，有一个周六的下午，她在镜子前跳舞，她母亲让她停一下，并对她进行了"现实的谈话"。那时她七八岁，她用一件T恤衫遮住自己的头发，模仿当时著名流行歌手的长直发。她母亲拉住她，从她头上拽下T恤衫，说："你是一个生活在美国的年轻黑人女孩，你需要弄清该如何应对这个现实。"作为一名职业教师，她的母亲尽其所能——包括对性别歧视和种族歧视直言不讳——为谢丽尔提供了充分发挥她潜力的最好机会。

谢丽尔证明了自己是一个很有天赋的学生，在她就读的巴尔的摩高中，她是班上最优秀的学生之一。然而，一位指导顾问对"像她这样的女孩"的建议是，专注于申请州立大学，而不是她自己列出的常春藤盟校。"这就是发生在我的很多黑人朋友身上的事，"谢丽尔告诉我们，"他们无法充分发挥自己的潜力。有人会建议他们把目标定得低一些。"但她的父母展开了反击，他们鼓励女儿按照最初的名单申请。几个月后，她被哈佛大学录取，并于1985年毕业，获得了历史和科学学士学位。这并不是她唯一的哈佛学位。1992年，她还获得了哈佛的医学博士和公共政策硕士学位。

然而，在哈佛的日子里，谢丽尔觉得自己并不属于这个地方。"我从世界上得到的所有信息告诉我，女性不如男性，有色人种不如白人。我在这些环境中到底在做什么？很长一段时间，我觉得自己是一个偶然闯入的参与者，我很幸运。"当她成为一名医生时，种族主义和性别歧视也没有消失。作为一个25个人的儿科团队中的4名黑人女住院医生之一，她注意到医疗中心的员工总是用同一个名字称呼她们。如果她不穿白色的医生服，即使在走廊上经过，她的同事也几乎认不出她，常常把她和行政助理搞混。"这是一种提醒，'哦，我知道我该如何融入这个巨大的体系了'。"

随着时间的推移，谢丽尔致力于与社会和种族不平等做斗争的决心越来越强烈。她在20世纪90年代末开始担任白宫研究员和美国劳工部特别助理。尽管与偏见的斗争仍在继续，但她意识到，除了她的学术出身，她六英尺高的身材和相对低沉的声音，在高级别的会议中也在一定程度上有助于她表现出自己的风度和能力。她还认识到，如果过度使用，这些特质可能会变成"负债"。

由于习惯了刻板印象会让人退缩，女性在工作场合往往面临进退两难的境地。如果她们被认为过于热情，就会与强势、阳刚的领导者形象割裂，而且可能会被认为没有能力。但如果她们被认为过于强大和能干，就会打破女性温暖、母性的形象，并有可能被视为冷漠和麻木。

作为一名黑人女性，谢丽尔觉得自己必须特别小心，不能显得太咄咄逼人。"我自诩是一个社会正义的战士，但我总是小心翼翼，不让自己成为房间里那个充满愤怒的黑人女性。"一般来说，职业女性在表现出愤怒时往往会受到惩罚，但是性别的刻板印象并不是以同样的方式影响着所有女性和男性。谢丽尔指出，在美国，愤怒的黑人女性——幼稚、坚强、好斗、脾气暴躁、爱吵闹、充满敌意——这种刻板印象的根源在于南北战争前美国女性奴隶的悲惨经历，并且在今天仍然普遍存在。谢丽尔担心表达气愤会适得其反，因为人们可能会认为她"太情绪化，太不沉稳"。

刻板印象也会限制男性的发展，甚至会更偏向于影响男性。当美国的黑人表现出力量和自信时——通常与领导力相关的品质，他们就会引发人们对黑人固化的成见，认为他们是一种威胁，而不是领导者。对白人和黑人男性来说，表现出愤怒的后果是截然不同的：研究发现，表达愤怒的白人男性高管往往比不表达愤怒的男性高管更容易获得更高的职位，甚至更高的薪水。而对黑人男性而言，表现出愤怒反而会限制他们获得资源的机会。相比之下，拥有令人放松的、圆润的娃娃脸的黑人男性往往会领导更有声望的公司、赚更多的钱，而且比没有这些特征的白人和黑人男性领导更具有亲和力。

在解释刻板印象如何影响我们获得宝贵资源的过程时，我们需要考虑我们的身份，如种族、民族、性别、性取向、年龄和社会经济阶层等因素，思考这些因素是如何交互的。就像我们刚才所看到的，种族和性别认同融合在一起，对男性和女性，以及对黑人和白人都是不同的。在其他种族中，情况也不尽相同。例如，在北美，东亚的男性和女性被认为是冷漠、能干但不占主导地位的。当他们表现出不同于这些刻板印象，比如当他们表现得更强势时，他们会比其他员工在工作中遭受更多的种族歧视。

除了限制人们获取有价值的资源，固化的看法还会影响他们的行为，从而进一步限制他们对资源的获取。负面刻板印象的针对者会有更多焦虑，表现更糟。这种现象被称为"刻板印象的威胁"（Stereotype Threat）。例如，在一项实验中，当参与者被告知以往的数学测试体现了性别差异时，女性在这项数学测试中的表现会变得不佳。在另一项研究中，黑人参与者在参加一项困难的测试之前，被引导关注自己的种族身份。结果，他们的表现比那些测试之前没有思考种族身份的黑人参与者要差。此外的一系列实验也发现了类似的证据，表明刻板印象的威胁会对拉丁裔大学生的表现造成影响，对那些必须同时面对性别和种族刻板印象的拉丁裔女性则影响更大。

谢丽尔后来成为世界上最具影响力的社会企业家奖学金组织"绿色回音"（Echo Green）的首席执行官。她在自己的生活中经历了这种刻板印象的威胁的毁灭性影响，随着时间的推移，她逐渐了解并思考激励自己的是什么，什么是应对这种威胁的最佳方式："每当我感到威胁时，当我怀疑自己是否能成功时，我就会提醒自己为什么要做我所做的事：这是为了反抗不平等，创造一个更加公平的社会。"

心理学家在一组被认为表现较差的女性 MBA 学生中也观察到了同样的情况。当她们被要求完成一项关于个人价值观的简单任务时，她们的表现明显变好，消除了性别差异带来的表现差距。就像谢丽尔所经历的那样，肯定自己价值的简单行为可以帮助我们消除刻板印象的威胁。但是，也正如她所指出的："个人努力并不是解决问题的办法。这只是解决现有不平等问题的一种方法，关键在于要改变整个系统。"

要实现这样的改变似乎令人望而却步，因为我们现在已经清晰地理解了权力等级变得如此"黏人"的种种过程。有关权力的故事中的权威人物所传达的文化信仰告诉我们，而且我们也告诉自己，为了证明谁拥有权力，加上拥有（或不拥有）权力的心理和行为上的影响，实际上强化了群体间的权力差异。这些故事越深入一个社会的集体心理，它们就越会渗透到政策和实践之中，而这些政策和实践决定了谁可以获得哪些资源，从而使现有的等级制度更加僵化不变。结果，它们不仅塑造了我们认为理所当然的法律和规范，还塑造了我们对他人的看法和误解。这种循环是强大的，但往往是无形的，令人难以抗拒。这就是为什么我们在研究中发现，要改变现有的权力等级和规范是那么困难。

建立集体："弱者"争取权力的有效方式

如果这就是故事的结局，那么当权者将会积聚更多的权力，现状将永存不变，变革将无法发生。然而，历史却讲述了一个不同的故事。权力等级制度可能跨越几个世纪，但它们仍然可能受到挑战并被打破。没有帝国是永恒的。历史上，政权可以被推翻和取代，新的社会价值体系也会取代旧的。

20世纪和21世纪的社会运动已经消除了长期存在的压迫妇女和歧视有色人种、性少数群体、宗教团体、残障人士和土著社区的等级制度。有时候，等级制度会在数年、数十年甚至数百年之后逐渐改变。而在其他时候，激进的变化在几天之内就会发生。问题是，如何才能做到这一点？

研究揭示了促成改变的三个条件。第一个条件是危机：自然灾害、战争、经济崩溃和技术创新都可以提供挑战权力分配方式的机会。你可以回顾一下第二次世界大战是如何为女性打开家庭之外的工作之门的，因为她们对维持经济至关重要。第二个条件涉及权力等级制度确立的程度：等级制度越新，它的可塑性就越强。因为我们所描述的强化机制还没有让权力变得如此黏滞，以至于它看起来不可改变。最后一个条件，要挑战现有的权力等级制度，潜在的破坏者需要对权力如何分配有自己新的观点，而不仅仅是对现有权力结构提出尖锐的批评。

通常对法国大革命的历史叙述，可能会强调法国大革命在1789年迅速达到高潮，但推动大革命的启蒙运动理想——平等、宗教宽容和被统治者的团结，其实已经发展了一个多世纪。这种思想替代了"君权神授"理念，使得证明并维持现状的故事和文化信仰的合法性漏洞百出，从而使出现一个新的时代成为可能。

然而，这三个条件本身并不能打破权力的等级制度。为了实现这一目标，人们必须有动机地采取行动来反对现状，并要有采取行动的机会。当动机和机会相遇时，人们就会奋起反抗。

为了了解动机和机会的结合是如何打破权力等级的，让我们带你回到19世纪末和20世纪初。当时，钢铁是美国东北和中西部大部分工业的命脉。钢铁厂的工作条件极其恶劣：工人们每天需要工作12小时，每周工作7天，一年工作363天（圣诞节和7月4日除外）。每隔两周，工厂就会让工人们连续工作24小时——从白班到夜班（反之亦然）。在炎热、危险的条件下，繁重、无情的工作导致的残疾和死亡成为家常便饭，这使得离开家工作本身就带有很大的风险，你可能在离家工作后再也无法回家。

与此同时，安德鲁·卡内基（Andrew Carnegie）和亨利·弗里克（Henry Frick）等实业家却通过控制生产手段积累了巨大的财富。他们凭借强大的权力跻身美国上层社会，在纽约市拥有豪华住宅，在纽波特、罗德岛等地拥有度假别墅。如今，这些地方吸引了大量游客，他们好奇地想了解美国第一批超级富豪拥有什么样的财富。当时的那些工业家和银行家积累了如此多的财富，以至于他们很快就成为美国最有权势的人。

不人道的工作条件和工人与资本家之间的严重不平等并非是钢铁厂或美国所独有的，欧洲工人起义的消息开始传到海外，包括德国哲学家卡尔·马克思（Karl Marx）的著作在内的新思想也开始名扬四海。马克思在1867年出版的关于阶级身份和阶级斗争的著作《资本论》（*Capital*）中，对世界各地工业化国家现状的合法性提出了挑战。正如通过讲故事来证明现状的合理化现象一样，这些消息和著作同样也可以有力地加强无权无势的工人奋起反抗的决心。

但就个体而言，钢铁工人的力量是薄弱的。随着数以百万计的移民来到美国，他们每个个体显然是可以被替代的。如果一个工人死了或者失去了一条胳膊，另一个工人随时随地可以代替他。因此，工人们的雇主对他们拥有绝对的权力，雇主会毫不犹豫地滥用这种权力。在这种情况下，工人们只有一种反击的方式：联合起来罢工——这是一种经典的改变权力平衡的策略。通过建立统一战线，工人们可以增加卡内基和其他行业领袖对他们的依赖。

钢铁厂的工厂主尽其所能，想削弱工人们采取集体行动的能力。他们将工资水平定在维持最低生活水准上，以剥夺工人的储蓄能力，并使他们在工作期间对罢工的忍耐力最小化。他们利用自己的政治关系召集警察驱散罢工者。他们仍然可以解雇工人并雇用替代人员。1892年，卡内基的主要钢铁厂霍姆斯特德工厂的工厂主在工人罢工期间，雇用了一个私人保安机构镇压罢工，导致至少10人死亡、100多人受伤。但随着时间的推移，通过工人们的联合，宾夕法尼亚州的钢铁工人获得了更多的权力，当地乃至世界各地的工会为工人争取到了更好的工作条件，并在企业和工人之间创造了某种程度上更加公平的权力平衡。

钢铁工人有动机也有机会扭转现状，这种动机来自极端的权力不平衡。为什么？因为奖励的分配越不公平，被剥夺权力的人就越难以证明维持现状是合法的。当对掌权者的奖励激增时，其心理反应抵消了无权力者为现行制度辩护的倾向——人们也有对公平的偏好，公然反对不公平的待遇会使他们认识到掌权者在非法使用他们的权力。

钢铁工人所遭受的剥削和暴行激怒了他们，激起了他们的抗议和抗争。某些情绪，比如伤心、悲痛和羞耻，都是与无助有关的，甚至可以使人麻痹。这些情绪是无权力者内心把现状合法化的基础。但是，一旦公平和合法性的假设被打破了，愤怒就出现了。愤怒会让人们对不公正的现状采取行动。工厂主的言行强化了无权力的工人对不公平对待的愤怒，并认为当权者是非法的。这就让无权无势的人产生了一种愤怒的力量，渴望挑战现状。

但是，直到工人们从工厂主那里获得了一些权力——尽管这可能是微不足道的——他们才有机会对自己的不满采取行动。通过联合和团结，他们找到了一种方法来控制对一种特定资源——他们自己的劳动力——的获取，这对维持工厂的运转至关重要。而权力的天平仍然偏向工厂主和他们的代理人，但工人们也获得了足够的杠杆来罢工，并持续开展罢工，直到他们的要求得到满足。当动机和机会相遇时，人们就会奋起反抗。

和往常一样，获得权力即使不是彻头彻尾的腐败，也会为滥用权力打开大门，工会也不能幸免。但是，每当你在周五下午对别人说"周末愉快"，或者周一时问候一句"周末过得怎么样"时，你就得感谢工会。如果没有他们作为一个整体进行反击，工人个人就会完全被替代，完全无能为力。当我们思考工人整合战略对整个经济体系的影响时，工会仍然是防止权力不平衡进一步扩大的最有效的工具之一。因此，从长远来看，工会有助于防止权力对个体的利益造成损害。

权力太过不平衡是危险的，不仅对弱势群体来说如此，对上层人士也是一样，因为它会激发人们反对现状的行为，就像我们刚才看到的那样。

当然，弱势群体并不总是有机会按照他们的动机行事。在亚马逊上销售产品的小公司可能会对亚马逊强加的条款感到不满，但由于缺乏可替代的销售渠道，而且数百万卖家都不得不依赖亚马逊的平台，小公司就没有办法进行反击。

但是，当弱势群体相对于那些对他们不公平施压的人获得一定程度的权力时，他们就有可能进行反抗。这对无权者和掌权者而言可能都是代价高昂的。举例来说，游戏开发商 Epic Games 的创始人兼首席执行官蒂姆·斯威尼（Tim Sweeney）与苹果、谷歌展开了一场战争，他认为苹果和谷歌对电脑游戏开发者滥用权力。Epic Games 的旗舰游戏《堡垒之夜》的迅速成长为斯威尼反击苹果和谷歌这两大科技巨头提供了杠杆。2018 年，他在谷歌的应用商店之外发行了《堡垒之夜》，以解决他所认为的不成比例的软件抽成问题。2020 年，苹果和谷歌做出了同样的回应，禁止《堡垒之夜》在它们的应用商店里销售。这是对 Epic Games 不使用这两大科技公司支付系统的报复。一场法律大战就此展开，双方都付出了代价。

我们对美国经济中行业利润的研究表明，这种动向贯穿整个经济系统。随着两家公司之间权力不平衡的加剧，拥有权力优势的公司会施加更多的剥削性经济条款。这让它们处于不利地位的商业伙伴感到沮丧。一旦后者获得了对优势方的一定权力，它们就会拒绝生意合作。这导致交易最终流产，双方最终获得的利润都低于它们在一种更平衡的关系中所能获得的利润。而在这种平衡关系中，拥有权力的一方并不会轻易滥用自己的优势。

这些现象在整个社会中也很明显。想想 21 世纪初席卷世界各国的民粹主义运动浪潮吧，当经济和社会不平等急剧上升时，人们就会感到愤怒。

因为在他们看来，报酬的不平等破坏了制度的公平性和合法性。然后，社会会经历更多的动荡以及经济和政治的不稳定。这是为什么呢？因为在这种情况下，无权力者会采取一切手段来推进他们的行动——无论是发动革命（如18世纪的法国和美国），还是全民公决（如现代的英国）——来反抗、拒绝一个他们认为对自己公然进行控制的社会系统，哪怕这种反抗可能会给自己带来伤害。

打破权力平衡的后果变得如此严重，以至于会破坏我们社会和经济体系的合法性、稳定性和可持续性。这不仅在道德上令人反感，对强国而言也是不明智的。从长远来看，不平等会导致生产力下降和经济增长率下降。诺贝尔经济学奖获得者阿比吉特·班纳吉（Abhijit V. Banerjee）和埃斯特·迪弗洛（Esther Duflo）指出，"主张彻底转变为真正分享繁荣"将符合富人的利益。然而，赚取额外美元（或额外10亿美元）的短期吸引力，往往会让掌握权力者忽视相互依赖的社会体系中大规模失衡加剧带来的长期后果。

一些开明的百万富翁和亿万富翁，包括比尔·盖茨（Bill Gates）、沃伦·巴菲特（Warren Buffett）和阿比盖尔·迪士尼（Abigail Disney），已经发出呼吁，呼吁改变让他们成为经济霸主的这个体制。但是，许多超级富豪和超级权贵似乎更担心以目前的形式存在的资本主义的生存情况，而不是关心打破系统性的不平等。正如作家阿南德·吉里达拉达斯（Anand Giridharadas）尖锐地指出："今天的科技和金融巨头确实想解决世界上的问题，但是解决方案永远不能威胁到他们自己的财富和权力。"

有时，一记警钟会提醒掌权者，在人与人之间以多种形式相互依赖的体系中，日益加剧的不平等会给每个人都带来风险。例如，在美国大萧条和第二次世界大战的余波中，行业领袖和公司高管获得的薪酬与今天美国首席执行官们所享受的薪酬相比简直微不足道。他们也接受（也许不情愿，但仍然）政府监管，甚至接受工会的意见，以保护经济系统免受完全自由市场的过度影响。出于同样的原因，当时的民选官员制定了法律，为许多人提供良好的生活水平和机会，尽管显然不是所有人，因为种族隔离仍然根深蒂固。

由于当时这些政治和经济限制，美国中产阶级收入的增长速度与20世纪50年代和60年代的最高收入人群并无差别。无论如何，警醒的呼声总是短暂的：到了20世纪70年代，形势发生了逆转，放松管制、反工会情绪和不平等现象都开始大量出现。大萧条和第二次世界大战的破坏已经从人们的记忆中淡去。与此同时，他们也意识到相互依赖的重要性和不可能永久繁荣的道理，这使得拥有权力的人不再那么自私和傲慢。

如果让当权者自愿放弃部分权力的情况如此罕见，那么变革就必须由等级制度中地位较低的人来推动。但是，那些无法接触到资源的人如何才能建立起足够超越上级的权力，从而让改变成为现实呢？在许多情况下，无论是过去还是现在，集体行动（如工会运动）已被证明是一种有效的方式：处于权力弱势群体中的个人把他们各自控制的资源集中起来，用以改变权力的平衡。然而，每个成功的集体行动实现变革的故事之外，都有许多失败的故事。权力弱势群体如何利用手中的资源影响他人以打破现状，与他们决定联合起来本身一样重要。

集体行动究竟必须怎么做，才能完成一个看似不可能的壮举，并成功地打破权力等级制度呢？我们接下来将讨论这个问题。

06

鼓动、创新与协调:
普通人如何依靠集体争取权力

美国"黑人的命也是命"（Black Lives Matter）、美国"反性骚扰"运动（MeToo）、法国"黄背心"运动（French Yellow vest）——这些只是过去10年中出现的众多社会运动中的一小部分，它们是由大量寻求社会变革的人的持续努力所推动的。[1]也许是因为被社交媒体的崛起放大了，所以它们看起来更像是一种新的现象，[2]但其实并不是。

集体行动让各国摆脱了帝国的控制，令公民推翻了独裁者和君主的统治，让不同种族、民族、宗教和性别的人认同并维护自己应有的平等权利。历史一次次告诉我们，集结了许多人的力量的运动可以形成一种强大的能量，足以战胜根深蒂固的权力等级制度并改造社会。[3]不管我们是谁、住在哪里，我们现有的自由和权利在很大程度上都要归功于那些运动。比如，反对南非的种族隔离，反抗英国在印度的统治，以及为世界各地的妇女争取公民权利的运动。在最终改变现状的运动过程中，这些群体的成员往往要经历几代人的惨痛失败。

然而，并不是所有的集体运动都能取得成功。那么，为什么有些成功了，而另一些却没有呢？

选择正确的时机与动机，采取行动

2011年7月，加拿大温哥华反主流文化杂志《广告克星》(Adbusters)的编辑麦卡·怀特（Micah White）和他的老板（即该杂志的创始人）卡勒·拉森（Kalle Lasn）发布了一份600字的战斗公报，鼓动"救赎者、反叛者和激进分子"搭起帐篷占领华尔街。他们在2008年全球金融危机即将结束之际发出了这一战斗号召，并对大银行进行了抵制。他们的行动紧接着之前发生的西班牙"反紧缩"运动。一年前，美国最高法院的"联合公民"（Citizens United）决定取消旨在遏制企业政治影响力的竞选资助限制。许多无家可归者和尚在工作的人都认为这个制度完全不公平。他们开始意识到，并不只有他们处在痛苦和愤怒之中，谴责"1%"的贪婪和腐败的主张引起了广泛共鸣。《广告克星》的公报迅速传播开来，通过博客、暗网和激进分子的圈子传遍了全美，甚至是全世界。

受2011年埃及革命期间塔希尔广场宿营活动的启发，"占领运动"的抗议者在全球约950个城市举行了为期三周的示威活动。"'占领运动'的特点是，它真的把各种最狂野的人聚集在了一起。我认为这也是其吸引人的原因之一。这种感觉就像你是某个东西的一部分，让人耳目一新。"麦卡告诉我们。[4]全体大会是这项运动中进行民主协商的决策机构，通过大会给予不同的参与者一种自主权和归属感，增强了他们的自尊。但是，这场没有领袖的运动并没有明确的诉求。大会投票否决了《广告克星》最初提出的设立总统政治献金委员会的要求。[5]虽然这一运动持续了三个月，但并没有当即带来什么实质性的变化。麦卡、卡勒和其他许多占领城市的人希望这是一场抗议,从而使一种全新的社会和经济体系崛起。然而,在接下来的几个月里,现有的制度并没有发生太大的变化。那到底是哪里出了问题?

有些人可能认为该运动之所以失败,是因为它缺乏一个像圣雄甘地、马丁·路德·金或纳尔逊·曼德拉那样具有超凡魅力的领袖。但是,仅依靠一个标志性的变革者,无论他多么引人注目,都很少能独自改变组织或社会的进程。原因是,一个孤立的个人的行动和呼吁太容易被忽视了。这些标志性的人物是用他们自身的力量激励和影响了成千上万的人,有时甚至是数百万人,这些人带领他们打破现状,加入一场运动中,实现他们所期望的改变。集体运动使公众舆论和公共当局不可能忽视眼前的问题,从而使变革成为可能。

"占领运动"成功激发了一场反对现状的运动——在社会运动中发挥着关键作用。鼓动者将特定个人或团体的不满表达了出来,并将其展现在公众认知的前沿。这样,其他人也会变得愤怒,并希望推动变革。"占领运动"的行动,包括媒体和社交媒体的报道,推动了政府把解决不平等问题和金钱对政治的影响提上了议事日程。但这场运动在有效推进社会变革的另外两个必要条件(创新和协调)上做得不够。

就某一问题进行短暂的公开对话,甚至采取行动,都不能确保改变能够发生。

一场运动不仅需要鼓动者,还需要创新者和协调人。[6]创新者是那些创造可行的解决方案来解决鼓动者发现的不满的人。他们能够打破常规,想出一个可以改变现状的方案。协调人则是社会运动的传播者,他们协调不同派别的行动,给大规模实施创新者所设计的解决方案创造条件。没有他们，最后的结果永远不会出现。

虽然这三种角色对社会运动的成功至关重要，但一个人不需要同时扮演这三种角色，这三个角色也不必遵循固定的时间或活动顺序出场。社会变革是一个复杂，有时还夹杂着混乱的过程。运动的参与者通常需要多次扮演这三种角色中的每一种，并根据情境的需要，在角色之间进行切换。有时候，参与者之间的分工是经过战略策划过的，个人或联盟组织在公众眼中扮演着不同的角色。例如，有些人采取激进的方式来进行鼓动，而另一些人则表现得更温和，以创新者或协调人的面貌出现。[7]但最终，所有人都必须朝着一个统一的方向共同努力。

为了说明社会变革的过程、权力在其中发挥的作用，我们将借用三位在当代运动中扮演关键角色的社会活动家的经历展开阐述。为了达到清晰叙述的目的，我们将分别阐述这三个角色。但请记住：没有创新的鼓动，意味着一味抱怨、止步不前；没有协调的创新，意味着设想不会有影响力。[8]

把握大众心理，为变革聚力

2018年8月，格蕾塔·通贝里——一个十几岁的女孩画了一张海报，开启了"校园气候"（Skolstrejk for Klimater）运动，现在"校园气候"运动这个词已经家喻户晓。格蕾塔的头像也已经成为青年气候运动的标志。格蕾塔接下来开始逃学，最初是每天，后来改为每周五，她都会去瑞典议会的台阶上抗议政府在气候变化问题上的不作为。

两个月后,联合国政府间气候变化专门委员会(IPCC)发布了一份报告,称在22年内,地球的温度将上升1.5摄氏度,我们将经历前所未有的极端天气。[9] 在格蕾塔和联合国政府间气候变化专门委员会的报告的影响下,世界各地的青少年纷纷加入了由格蕾塔和其他学生发起的"星期五为未来"国际联盟。纽约毕肯高中16岁的学生西耶·巴斯泰达(Xiye Bastida)是该校环境俱乐部主席,也是这项全球运动的一名参与者。[10]

西耶的父母是原住民价值和智慧的倡导者,他们全家来到美国,住在了纽约。她的故乡在墨西哥的圣·佩德罗·图尔特佩克(San Pedro Tultepec),在那里,她目睹了气候变化带来的影响。洪水冲毁了人们的家园,食品价格飞涨。两年后的今天,她和市里的年轻组织者一起为环境保护而努力,她加入了环保组织"纽约星期五为未来"(Fridays for Future NYC)的核心组织委员会。这些初步的组织工作给西耶提供了练习的机会,让她能够在几个月后,参与共同领导美国最大的环境抗议活动之一——2019年9月20日在纽约市举行的全球气候大罢工。

参加"星期五为未来"活动的年轻人必须从零开始。他们不太容易获得财政资源和主流媒体的支持,而且无法吸引公众的关注,也无法使公众相信现状是不可接受的,他们也没有达到投票的年龄,这意味着他们缺乏一个关键的权力来源以说服大众的代表们采取行动。那么,这些青少年是如何完成历史上规模最大的环境抗议活动,并激发全球数百万人参加运动的呢?他们做到了运动在缺乏正式权威和资源时必须要做的事:确定他们试图影响的人所珍视的东西,并用创造性的方法来控制他们获取这些东西的途径。

在这个例子中，青少年想要的是推动成年人采取行动。为了争取成年人的支持，他们指出，成年人几十年来在对待气候变化问题上几乎无动于衷。[11]他们强调了成年人不作为的代价：危及子孙后代的安全和生存。这种公开的羞辱把成年人打下了自尊的台阶。为了恢复自尊，保护自己的后代不受伤害，成年人不得不重新审视自己并采取行动（尽管有些成年人为了自尊，宁愿去贬低16岁的格蕾塔——这项运动的公众形象。正如我们在第3章中看到的，我们不愿自认为是坏人，这可能会促使我们更讲道德，或将耻辱转嫁给他人）。

下一个挑战是所有鼓动者都要面对的：在持续不断的新闻和噪声中被人们倾听到并脱颖而出。这些青年组织者系统记录了他们的活动，并在社交媒体上分享进展，就像几年前"占领华尔街"运动依靠表情包和推特（Twitter）等社交媒体进行人员召集和传播信息一样。社交媒体在动员民众方面足够有效，以至于有时候政府不得不关闭互联网，以阻止民众起义和发表异见。[12]但"星期五为未来"活动的积极分子们知道，如果他们想让每一代人都看到他们的信息，就不能把自己局限在社交媒体上。因此，他们与他们所称的"成年人环境组织"开展合作，从而获得可以利用的媒体名单，推动全球气候大罢工。

在9月20日之前的几天里，西耶和她的合作组织者们都很兴奋，他们看到越来越多的网络和媒体对活动进行了报道。那时，西耶已经深入研究了需要传播的关键信息。"我们都清楚关键的统计数据。但我们也知道，如果你把自己的故事代入进去，别人记住你所说的话的可能性要高出22倍。所以，我们开始训练活动家们如何向媒体讲述自己的故事。"实际上，这是一种典型的组织方式。西耶每周都会举办系列主题的培训课程，包括如何讲故事和媒体知识培训，让她的同龄人拥有了成为高效活动人士的工具。

她在无意间使用了学者兼组织者马歇尔·甘兹（Marshall Ganz）所说的"公共叙事"（public narrative）技巧。这是一种激励他人加入某项运动并采取行动的领导力实践方法。公共叙事结合了一个"自己的故事"（我的价值观从何而来），一个"我们的故事"（群体价值观是如何统一的），以及一个"现在的故事"（为什么现在急切地需要采取行动）。该框架帮助世界各地的运动组织者将他们的个人信念和价值观转化为故事，动员人们开展行动。在前一章中，我们探讨了用讲故事的方式来维护、证明和使权力等级合法化的复杂方式。因此，一次社会运动的关键部分就是围绕着目的进行反叙事，解构这些权力的神话。这是有效果的。

西耶的"自己的故事"分享了她在墨西哥的经历。在那里，她目睹了极端天气的影响和社会对石油、天然气的过度依赖。她的"我们的故事"向纽约的人们讲述了这样一个故事："在布朗克斯有12%的成年人患有哮喘，而在飓风'桑迪'过后，我们的税收中有近800亿美元被用于我们的城市重建。"最后，她的"现在的故事"将气候变化框定为一场危机，需要立即采取行动。她对青少年和成年人的呼吁是，如果他们加入游行和运动，改变是可能发生的。这样的公共叙事有助于引发愤怒，激发起行动和抵抗。正如我们在第5章中看到的，当愤怒遇到一定量的权力时，它会引发人们的一种感觉，即可以采取某些措施来推动改变。

西耶和她的同伴们希望能召集至少两万人参与运动。而在2019年9月20日，据组织者估计，有超过20万人走上了纽约市的街头，163个国家的年轻人也在同一天组织了类似的抗议活动。抗议者用他们作为儿童、青年和学生的声音，呼吁成年人为应对气候变化做出贡献：肉类和乳制品行业、埃克森美孚公司、政治家、联合国，以及"在他们眼前偷走（他们孩子的）未来"的父母。没有人可以置身事外。这些青少年用科学支持自己的声明，强调采取行动解决气候危机的紧迫性，他们把自己定位为现状的受害者和占据道德制高点的领导者。

　　他们还使用了一种早在他们出生之前就被用来鼓动反对现状的组织策略——非暴力不合作（Nonviolent Civil Disobedience）。这个词最早出现在美国散文家、诗人和哲学家亨利·大卫·梭罗（Henry David Thoreau）的一本选集中。梭罗认为，诚实的公民针对不公正和压迫性的法律进行反抗是正当的，而且在道德上也是必要的。他本人拒绝缴纳新征收的马萨诸塞州人头税，以表达他对奴隶制和美墨战争的反对。圣雄甘地和马丁·路德·金受到了他的著作的启发，是采取非暴力不合作的抗议行动的众多运动领袖的代表。

　　为了评估此类抗议活动的有效性，政治科学家埃里卡·切诺威斯（Erica Chernoweth）和玛丽亚·史蒂芬（María Stephan）分析了1900—2006年全球暴力和非暴力抵抗活动的数据。他们发现，和平运动的有效率为53%，而暴力运动的成功率仅为26%。为什么会有这么大的差距？这是因为非暴力抵抗运动降低了参与的门槛，增加了参与者的数量。在9月20日的纽约市游行队伍中，青少年、父母、蹒跚学步的孩子、退休人员、教师和学生团结在一起。除了不断扩大的运动队伍，非暴力运动吸引了更广泛的成员参与，产生了更多的创新性策略。策略性的非暴力符合我们人类的两个基本需求：安全，保护参与者免受暴力伤害（至少这是他们的意图）；自尊，获得未参与者的善意态度，因为他们通常认为和平抵抗者是既讲尊严又公正的。

"星期五为未来"及其盟友形成了将气候危机提上公共议程的力量。在抗议期间,"气候变化"的搜索量达到了谷歌的最高纪录之一。通过呼吁成年人,并利用越来越多的科学证据证明全球变暖已经造成的危害,他们为自己的进攻正名,"培育"道德上的愤怒,并控制了公共叙事。他们的言行引起了全世界的注意,推动气候变化讨论的框架发生改变。然而,他们也知道,要改变人们的行为和现有法律,所需要的远不止抗议这么简单。因此,他们通过组织活动——比如像西耶那样建立活动分子训练营,邀请人们参加游行策划会议,来帮助建立参与者对彼此和对运动的承诺。

组织创造了一种黏合剂,将个体集合起来,成为一个具有共同目标的群体。这种方式让人们回归初心,奉献自己的力量,感觉自己与比自己更伟大的事物联系了起来。培养足够强大的联系,能让人们觉得自己是他们深深珍视的群体中的一员,有助于确保一场运动随着时间的推移,继续"生存"下来并始终充满活力。当组织行动和故事讲述交织在一起的时候,比如就像西耶和她的同伴们所说,产生了一种"合一"的感觉,就能鼓励人们围绕着一个共同的身份开展行动。这种共同进行一项事业的感觉不仅源于故事所要传达的信息,也源于情感诉求。正如我们接下来将看到的,无论参与者扮演什么角色,沟通和组织的需求永远不会消失,因为这是运动获得支持者、获取更大权力所需的宝贵资源的必由之路。

创新：跳出固有思维模式

创新对为社会问题提供可行的解决方案或改变现状至关重要。没有创新，一场运动就没有具体的要求，也就没有衡量成功的尺度。创新者设计的解决方案可能是全新的、原创的，也可能是他们把可使用的经过很好测试的现有想法以新颖的方式组合起来，还可能是适用于新的环境。

以妇女权利为例：1791 年，法国剧作家、政治活动家奥兰普·德古热（Olympe de Gouges）在《女权宣言》(*Declaration of the Rights of Woman and of the [Female] Citizen*) 中提出了妇女权利概念，这个宣言仿照《人权宣言》(*Declaration of the Rights of Man and the Citizen*) 的第一条，宣布："妇女生来自由，在权利上始终与男子平等。"1793 年，德古热被革命法庭判处死刑并执行，但她的主张并没有随她一起消亡。它们影响并激励了法国内外的妇女们为争取平等权利而斗争。她的创新促进了反传统叙事的发展，在随后的几十年乃至几个世纪里，女权运动此起彼伏。

社会创新有多种形式，它们可能是想法、产品、服务、计划、过程或法律和政策。但无论采取何种形式，创新者都必须提供一条可行的途径来解决当前的问题，并重新定义现状。创新者的作用是找出目前事物状态的弱点，并设想一个比当前更好的替代解决方案，而且这个方案不会造成意想不到的负面后果，还需要向采纳替代方案后会受到影响的各种团体阐述并证明方案的合理性。他们的任务是艰巨的：不仅必须设想出一种新的现实，还必须找到在他人眼中让这种新现实合法化的办法。在没有正式授权、获得财政或其他资源支持的情况下，这样做是极具挑战性的。这就是为什么创新者往往是打破固有思维、勇于面对逆境和复杂的问题的解决者。

这正是吉恩·罗杰斯（Jean Rogers）所做的事。2008年，金融危机席卷华尔街，摧毁了许多中产阶级的生活。在某次房屋抵押权处理中，她开始思考如何帮助改变现有金融市场的游戏规则。作为一名训练有素的环境工程师，她曾做过近20年的可持续发展顾问，帮助企业采取对环境负责的做法。"企业的行为对当地社区、员工和顾客的健康极不负责任，这在我看来是不合适的，"她告诉我们，"看看最后我们落得什么下场？"

吉恩之前看过她的朋友大卫·戈特弗里德（David Gottfried）开发并推广LEED建筑认证——这是一种绿色建筑的评级体系。然后，她开始酝酿一个点子：投资者是依据数据来做决策的，但是，即使投资者想了解一家企业的社会影响或环境影响，相关数据也是有限的，而且经常是随意给出的，如果有一种方法可以让企业持续透明地报告财务业绩以外的其他情况，那会怎样？这项任务将是艰巨的，她必然会面临来自"一切遵循惯例"的企业各部门的阻力。但是，吉恩现在有一个2岁的女儿，这让她觉得改变企业环保现状比以往任何时候都更加紧迫，而且人人需要。

吉恩开始做所有试图解决社会问题的创新者都必须做的事：她努力深入地了解她所希望解决的问题。她在研究、追踪企业财务表现的同时，也在追踪了解社会和环境表现所面临的困难。她了解了全球报告倡议组织（Global Reporting Initiative，GRI）的情况，并成为该组织的支持者。GRI制定了一套标准指标，无论在哪个行业，企业都可以使用这些指标来创建可持续发展报告。

与此同时，她还拜访了企业高管和投资者，了解他们的报告技巧，以便更好地了解每个参与者所面临的约束和挑战。在这个过程中，她发现了为什么没有一刀切的解决方案。例如，与银行或软件公司相比，食品零售商和分销商更需要报告包装材料的使用情况，而对于银行和软件公司而言，隐私则可能更重要。由此产生的需求，是制定一套经过审查的严格标准，让企业、投资者和公共当局都能够找到可靠的标准，来衡量和传达每个行业的社会责任和环境绩效。

吉恩研究的顶峰是她发表了白皮书。白皮书阐述了她的创新想法：用一种方法论做指导，为每个行业制定恰当的、可持续发展的标准。作为这个领域的新人，她用问题引导和寻求建议的做法得到了回报：这份白皮书获得了压倒性的积极反响，投资者和资产管理公司纷纷提出与她合作的意愿，询问新的指标何时可以获得。

吉恩认为，一旦她把这个想法提出来，就应该有合适的人出来接手，因此她把这个项目搁置了一年。后来，随着"占领运动"的势头越来越强，她决定不再等待了。如果想看到这些可持续发展的标准得以推行，她就必须亲自动手。在丈夫的支持下，她辞掉了工作，并给自己设定了六个月的期限，成立了后来名为"可持续会计准则委员会"（SASB）的非营利机构。

除了为SASB的成立筹集资金，吉恩的第一个任务就是组建一支由研究人员和技术专家组成的团队，与她一起为每个行业制定可持续发展指标。"我都不知道听过多少次了，人们认为我们想在不到80年的时间里为80个行业制定指标，简直是疯了。我们必须证明他们是错的，并证明这是可行的。所以，在制定完成一套严格的方法论之后，我们在墙上绘制了未来8年的宏伟蓝图，以确保能在8年内实现目标，而不是80年！"

创建SASB、招募团队、开发创建标准的方法，只是吉恩作为创新者旅程的开端。她和团队现在必须把SASB转变成一个合法的标准制定机构，才有能力在背后发起一场集体运动。经验告诉她，如果想让SASB被认真对待并吸引支持者，她首先需要了解商业领袖、投资者、公共机构和参与企业可持续发展的非政府组织之间存在的权力关系。简而言之，她需要一张权力地图。她尽己所能从排名最靠前、预算最庞大的组织名单中搜集一切信息。她关注那些拥有影响力的领导人的组织，以及那些论文在该领域被引用的作者。她寻找了自己能找到的每一个数据点，以了解谁与谁有关系，谁似乎又依赖着谁。

作为一个金融界的局外人、一个羽翼未丰的反对现状的组织领导者，她对需要做的事情非常明确：要想让SASB获得权力，变成一个合法标准的制定者，她需要识别和获取这些关键利益相关者所珍视的持续性资源。

于是，她寻找那些与她有共同信念的盟友——认可"投资者需要新的衡量指标"的想法的人，目的是让他们给SASB投资，支持SASB成为标准开发过程中的创新者。"我的第一个董事会成员中，有来自美国证券交易委员会（SEC）和财务会计准则委员会（FASB）的前官员，"吉恩告诉我们，"这为其他人参与进来创造了合法性。"她成立了行业工作组，在旧金山和纽约召开会议，并定期举办在线反馈会议。随着时间的推移，她建立起了一个支持者的社群。这些支持者觉得自己投身到了SASB之中，在为它的愿景以及改变资本主义面貌的承诺付出努力。

通过一位导师的介绍，吉恩建立了融洽的外部关系，然后开始定期与美国商会（一个企业游说团体）以及美国证券交易委员会的官员会面。他们的参与增强了她和SASB在其他关键人物眼中的可信度，让他们也开始愿意与她见面。

在所有这些谈话中，"我总是用（我所知道的）他们看重的东西来表达我们的价值主张——甚至对他们进行鼓动，让他们对现状都有点'疯狂'的不满……SASB 承诺为投资者提供重要信息，为企业提供生产力，为证交会提高市场效率，这就是让这些背景迥异、实力强大的集团支持我们的关键"。她把这项工作称为"四处拜访"，通过每季度对公民社会组织、企业和公共当局的拜会并提供最新信息，她成为可持续发展问题的信息中间人，把本无关系的各个团体联系到了一起，并借此扩大了自己的合作圈子。她现在掌控了一种有价值的资源——关于该领域关键组织和领导者的信息。吉恩和 SASB 运动开始积蓄自己的权力了。

很快，他们利用 SASB 新建立的关系网吸引了知名投资者和公司来 SASB 担任顾问和董事会成员，其中就包括成为 SASB 董事会主席的迈克尔·布隆伯格（Michael Bloomberg，当时的纽约市市长），他的到来进一步增强了 SASB 在企业界中的合法性。同时，SASB 也继续加强与非政府组织和公共当局的关系。2018 年，在运动参与者的努力下，SASB 已经为 80 多个行业制定了可持续发展标准，并成为美国领先的可持续发展会计标准——而先前当她第一次告诉别人她的想法时，许多人认为这是一个不可能实现的壮举。

吉恩为开发她的创新标准而发起的运动，是一场更为庞大的社会运动的一部分。该运动旨在彻底改造和改变资本主义，而改变所需要的远不止 SASB 一个组织。现在，标准已经制定了出来，并做好了应用准备。吉恩不懈努力多年，却在这个时候选择辞去 SASB 首席执行官的职务。"我意识到让我兴奋的是创新。我是一个热爱学习的人，我天生就对那些很难解决的问题——别人说我做不到的事情，充满了好奇和兴趣。"剩下要做的就是精心协调各方，让他们采用 SASB 的标准，并向企业和投资者常规发布采用新标准的报告。正如她和她在 SABA 的继任者们深知的那样，协调工作并非一朝一夕就能完成，因为最终攸关成败的不仅有法律因素，还有文化因素。这两方面的因素都深深扎根于社会。不过，我们将看到这样的改变是有可能发生的。

科技为社会变革赋能

21 世纪，我们迎来了互联网的大爆发。2017 年 10 月初，电影制片人哈维·韦恩斯坦（Harvey Weinstein）遭到性侵指控。随后，"反性骚扰"运动以惊人的速度发展了起来，其话题标签在短短几天内就传遍了世界。在法国和比利时，它变成了"#BalanceTonPorc"；在西班牙和拉丁美洲，它变成了"#YoTambien"；在意大利，它变成了"#QuellaVoltaChe"。女性终于有了一个强有力的渠道来表达她们被性骚扰和性侵的反抗，并让别人听到她们的心声。

通过互联网的公开批判，男性从不可一世的位置上跌落下来。第一年，这个话题标签在至少 85 个国家平均每天被网民使用超过 5.5 万次。但是，如果认为"反性骚扰"运动是一夜之间在网上爆发的，那就错了。性侵受害者、社会活动人士塔拉娜·伯克（Tarana Burke）早在 10 年前就发起了这个活动，目的是提高人们对性虐待和性侵犯的普遍认识。当好莱坞明星和著名机构（如《纽约时报》等）曝光这个问题时，塔拉娜早年的重要工作就被忽视了。直到愤怒的活动参与者激动地澄清，直接拿出塔拉娜早年活动的记录，才给予了她应有的荣誉，将她推到了聚光灯下。

毫无疑问，社交媒体平台让塔拉娜和其他活动人士更容易鼓动民众、凝聚力量和分享立场。但是，作为一个经验丰富的社会活动家和社区组织者，塔拉娜很快就向我们指出了互联网行动的局限性。尽管社交媒体具有动员潜力，但对鼓动者来说也可能存在风险，因为旨在争取他人支持的信息可能只会传到那些已经赞同的网民那里。人们的偏好，再加上算法和机器学习，往往会强化人群的划分。我们知道动员广泛的支持基础和建立广泛的联盟对运动有多么重要，而在数字时代，鼓动者面临的挑战是如何与新的受众以及过往无联系的群体分享信息。

与此同时，创新者也面临风险。尽管他们的创新可以得到更广泛的传播、分发甚至支持，但技术进步很少能改变根深蒂固的权力等级制度。即使技术是解决方案的一部分，变革也始终是一个政治性的问题。然而，数字时代的到来使得许多变革者过分强调用技术来解决问题——在过去的15年里，我们在与社会变革者的合作中看到了这种趋势。

对于协调人，技术提供了有效的工具来连接不同的支持者和建立联盟。特别是社交媒体让人们更容易参与"网上点击行动"，鼓励个人在社交媒体上"点击""点赞"或"分享"项目，以支持变革。然而，正如社会学家泽内普·图费克奇（Zeynep Tufekci）所指出的那样："现代网络运动可以迅速扩大规模，处理各种后勤支持任务，甚至在举行首次抗议或游行之前，无须建立任何实质性的组织。然而，这种速度也带来了问题。"如果没有做过社会运动酝酿过程中漫长和繁重的工作，参与者有可能在集体决策、战略、沟通和组织方面缺乏联系和经验，而这些方面在确保运动的弹性和有效性上都发挥着重要作用。

在《权力的目的：当我们分崩离析时如何团结起来》(*The Purpose of Power：How We Come Together When We collapse*) 一书中，"黑人的命也是命"运动的联合发起人艾丽西亚·加尔扎（Alicia Garza）触及了这一挑战的核心："你不能从一个标签开始一场运动。话题标签不会发起运动，发起运动的是人。运动没有正式的开始和结束时刻，也不会只有一个人发起运动。运动更像是层层波浪，而不是光的开关。（它们）潮起潮落。"

最终，运动的力量不仅仅来自大量的人员聚集，还来自利用他们持续的集体行动来影响人们的信仰和行为，并产生改变。这需要理解人们需要什么、想要什么，并弄清楚如何利用联合起来的力量控制对这些有价值的资源的访问。我们在本章中分析的几项成功的社会运动都能够做到这一点。

学者兼组织者马歇尔·甘兹雄辩地指出，对于一场运动来说，"它是一种利用机会的能力，它将一个人拥有的资源转化为需要的力量，将可能性转化为结果"。虽然新互联网技术的崛起为集体运动获得和行使权力创造了新机会，但技术也可能使社会变革者的声音更难被广泛听到。新技术一旦成为监视和审查的工具，其有效性将是前所未有的。根据谁控制它们以及它们的用途，新技术可能会增强集体运动的力量，也可能对集体运动的力量产生限制。

适用于集体运动的道理也适用于我们每一个人。新技术可以赋予我们力量，也可以压迫我们，这取决于谁控制着对它们的访问以及它们的用途。对于这一问题，让我们在下一章看一看。

07

互联网背景下，个人如何把握权力"风向标"

当一切似乎都在以极快的速度变化时,由此产生的不确定性可能会让我们相信权力一定也在改变。当然,这是一个常见的假设。2013年,随着传统意义上强大的组织和参与者逐渐失去对更灵活的基层实体的影响力,学者兼记者莫伊塞斯·纳伊姆(Moisés Naím)宣布权力的终结已经来临。"在21世纪,"他写道,"权力更容易获得、更难使用,也更容易失去。"[1] 五年后,企业家兼政治活动家杰里米·海曼斯(Jeremy Heimans)和社会影响力专家亨利·蒂姆斯(Henry Timms)也认为,互联性带来了一种新的权力形式:网络化、非正式化、合作化、透明化和参与性。这是一种存在于人群聚合能量中的力量,是"反性骚扰"运动和"黑人的命也是命"运动中加以利用的力量。两位作者说,它的对立面是"旧势力"——封闭、难以接近,而且在大多数情况下等级森严。[2]

无论是权力的终结还是新权力的出现,这两种分析都恰如其分地描述了当今权力所处位置的重要转变。但正如你将看到的,权力本身并没有变化。我们正在见证的改变,只是另一种总是在发挥作用的权力基础的表现。

权力永恒的基础：控制有价值的新资源

　　回顾一下之前的两次科学技术飞跃，它们改变了人类的生活方式和依存关系。第一次发生在大约一万年前，当时的农业革命——农作物的种植和动物的驯化，使我们的祖先从游牧生活转向了永久定居。[3] 人类不再需要用所有醒着的时间去寻找食物，一些人可以从事狩猎和采集之外的活动。农业革命在两个层面上改变了权力的分配：在地理层面上，它有利于拥有丰富农业资源的社会，如驯养动物、种植农作物和开发农业技术；在社会层面上，通过解放一个新的社会阶层，把他们的时间用于知识、技术、商业和政治追求，进一步巩固了他们对权力的控制。[4]

　　农业革命很久以后，15世纪中叶，西方出现活字印刷术，学会了使用和运营这种新印刷技术的企业家们在西欧的商业中心开设了印刷厂。商人、有文化的农民和知识分子都可以史无前例地接触和分享大量信息。然而，抄写员们却很不高兴：几个世纪以来，他们依靠独有的阅读、书写和复制神圣文本的能力，一直都是知识的守护者。而现在，这种能力已经越来越过时了。1492年，德国修道院院长约翰尼斯·特里特米乌斯（Johannes Trithemius）在赞美抄写员的文章中表达了他的担忧：手写抄写的丧失，损害了僧侣们精神世界的发展，因为抄写是他们的工作，能让他们不断学习。他还批判了印刷书籍的低劣质量和审美表现。[5]

　　这是抄写员的一场失败的战斗：在西方运用活字印刷术后的50年里，欧洲印刷了数百万册图书，产生了深远的影响。这些影响包括知识的民主化，以及文艺复兴等文化运动和新教改革等宗教运动的加速兴起。[6] 即使是那些反对这项发明的人，比如约翰尼斯·特里特米乌斯，也无法抗拒它的吸引力。有人说，甚至《抄写员的赞歌》(*In Praise of Scribes*)这本书最终也不是通过手抄本传播的，而是通过作者在书本中谴责的机器传播的！

每一波技术变革都极大地改变了人们的生活，还有其他一些东西——权力地图，也发生了变化。对于那些亲身经历了翻天覆地变化的人而言，这种变化既令人兴奋，又令人难以承受。尽管这些变化表面上有所不同，但它们都是由同样的动力驱动的：使农民、土地所有者和印刷商人获取权力的，是他们对新价值资源的控制。从一个时期到另一个时期，模式都是一样的：每个时代的技术变革都会创造新的资源，而这些资源会变得极其有价值。反过来，那些能够控制这些新资源的人——要么因为他们知道如何操控这些资源，要么因为他们拥有这些资源，就会拥有巨大的权力。这就是为什么技术变革会改变权力分配。

当然，权力的更迭也有其他原因。自然突发事件已经三番五次颠覆了我们这个星球上的权力分配。有时候，是在一瞬间（大约6600万年前，一颗小行星对地球的撞击，终结了恐龙在地球上1亿多年的统治）；有时候，需要一个多世纪（公元6世纪30年代末，欧洲的火山爆发遮暗了天空，[7]造成了气温剧烈下降，加剧了西罗马帝国灭亡后的政治和社会动荡）。但当涉及人类在权力分配方面的改变时，无论好坏，技术的转移分配也许都是其中最重大的因素。而现在更是如此。

普通人的逆袭：科技促进权力的再分配

内祖玛（Nezuma）出生在桑给巴尔海岸附近的昂古贾岛（Unguja），那是一个只有一条路通向外界的小村庄。虽然她从未打算离开自己的家乡，但 2016 年，这位六个孩子的母亲还是搬到了 20 英里外的金亚斯尼（Kinyasini），学习成为一名太阳能工程师。经过五个月的培训后，她带着一种当地前所未有的最宝贵的资源——电力，回到了自己所在的村庄。

不识字的内祖玛是如何成为太阳能工程师的呢？答案就在 3000 英里以外的印度。社会活动家和教育家邦克·罗伊（Bunker Roy）在那里创办了"赤脚学院"（Barefoot College）。邦克回忆说，他曾接受过"非常精英化、势利、昂贵的教育"[8]，但他认为，自己接受的真正教育始于 1966 年。当时，比哈尔邦和北方邦东部的大规模干旱和农作物歉收导致了毁灭性的饥荒。从那时起，他决定毕生致力于帮助贫困的农村自力更生。

起初，邦克给农村做的贡献是挖掘水井，给当地人提供饮用水。但他相信，如果有机会，与他一起工作的村民也可以接受培训，甚至用上最先进的技术。他决心不让文盲成为障碍。1972 年，他提出了一个设想：创办一所特殊的学校，专注于通过实践学习来教育和培训贫困的农村人。同年，他创建了非政府组织——赤脚学院，以协调实现自己的愿景。

赤脚学院的第一个培训中心建在印度，在那里有富有远见、甘于奉献的教育家巴格瓦特·南达·西达思（Bagewat Nanda Seedan），他开发了创新的教学工具用于学生的学习。其他培训中心紧随其后，在布基纳法索、马达加斯加、利比里亚、危地马拉、斐济、塞内加尔和坦桑尼亚的桑给巴尔岛建立了起来，这就是内祖玛为何有机会参加学习并成为一名太阳能工程师。

赤脚学院的代表拜访了她的村庄，就像他们每天都会去访问世界各地类似的农村一样。他们邀请村民们加入赤脚学院的标志性太阳能项目，将这种可再生和可持续使用的能源带到他们身边。不过，参与太阳能项目需要有几个条件：村民必须指定其中一人参加培训；这个人必须承诺回村之后负责安装和维护由大学提供的设备；村民必须同意对训练有素的太阳能工程师的维护服务支付报酬。以上这些条件都很好接受，但还有一个条件让习惯了由男人当家的村民们大吃一惊——这个人必须是一位女性，最好是一位中年妇女，一位母亲或祖母。赤脚学院的大学代表从经验中明白，这样一位女性将在培训结束后返回村里，不会抛弃她的村子。

当学院的代表陈述这些条件时，许多村民不自觉地把人选目标转向了内祖玛。他们遇到困难时，常常会向她寻求帮助和建议。但一开始，内祖玛似乎不可能进入赤脚学院，不仅是家庭条件方面的原因，也是因为她的丈夫不允许——他坚决反对她离家独自生活五个月时间。在村长的帮助下，她丈夫认识到了这个项目会给村子带来的好处，而内祖玛的母亲也同意在女儿外出期间帮忙照顾家庭。赤脚学院的代表最终说服内祖玛的丈夫同意让她参加培训。赤脚学院的工作人员还安排了他每周去看望妻子一次。

接下来的五个月里，内祖玛住在金亚斯尼的校园里，从其他通过参加该培训项目、已经成为太阳能工程师的女性那里，学习安装和修理太阳能电力系统的本领。因为当地大多数女性是文盲或半文盲，大部分的教学是通过可视化的学习工具完成的，比如彩色编排的图片和手册。内祖玛学到的不仅仅是太阳能发电。社会企业家梅根·法隆（Meagan Fallone）接替邦克担任赤脚学院首席执行官后，为该项目提供了有关妇女健康和权利以及电脑和创业技能的培训，从而使该项目的内容更加丰富。"我们希望学习太阳能技术的妈妈们能够掌握技术，同时了解自己的身体、自己的权利和责任。"梅根告诉我们，"这种全面培训的方法给她们带去了真正的改变。"[9]

培训项目结束后，内祖玛回到自己的村庄，她感受到一种新的权力感。她聪明又勤奋，使这个村子充满了活力。她从一个意想不到的人那里得到了帮助——她的丈夫，他从一个怀疑论者变成了一个坚定的盟友。现在经常可以看到，当内祖玛在邻居家的屋顶上工作时，她丈夫会帮忙扶住梯子，或者帮助她修理设备。他意识到，他和他的家人可以从内祖玛新获得的声望中得到好处。几个月后，她就掌握了村里最有价值、最受欢迎的技术之一。这种掌控给了她力量，她已经成为村里最有威信的村民之一。这就是赤脚学院创新的天才之处：参加项目的中年妇女不仅成为她们村庄表面的权力之源，也成为她们自己的力量来源。

邦克和梅根理解技术的力量，也理解其改变权力地图的潜在能力——技术推动权力的改变已经发生，特别是其发生在 19 世纪之后的戏剧性的巨大影响，工业革命使生产方式实现机械化，为社会提供了大量此前只有少数富人才能享用的商品和服务，从成衣服装到手机电话，林林总总。正如心理学家史蒂芬·平克（Steven Pinker）在其著作《当下的启蒙》（*Enlightenment Now*）中指出的那样，科技的进步不仅仅极大地改善了我们的日常生活，也让我们更接近成为法国科学家、哲学家勒内·笛卡尔（René Descartes）所说的"自然的主人和拥有者"。[10]科学和技术是人们理解、解释和分析大自然的入口，从而在一定程度上控制着大自然本身。[11]我们已经变得如此强大，以至于我们甚至制订了计划，来阻止巨大的小行星撞击地球并毁灭我们。[12]

21世纪之初突飞猛进的数字革命,以惊人的速度增强了我们的力量。1989年,在世界上最大的物理实验室里,蒂姆·伯纳斯－李(Tim Berners-Lee)和罗伯特·卡里奥(Robert Cailliau)发明了一个用于共享和搜索信息的计算机新网络。他们称自己的发明为"万维网"。他们当时对于如何使用它的讨论,后来对我们的生活、工作和娱乐方式产生了巨大的影响。他们在争论是否应该为他们的发明申请专利,以防止其被他人复制、使用或改造。正如卡里奥回忆的那样:"蒂姆说:'罗伯特,你想发财致富吗?'我想,嗯,这有帮助,不是吗?他显然不关心这个问题,他所关心的只是确保这个东西能起作用,每个人都能得到它。"[13]

他们决定保持万维网的开源,并让所有人都可以自由访问。这体现了他们将技术视为一种平等权利的愿景。伯纳斯－李认为,万维网可以通过空前规模的合作和知识共享,帮助释放人类的潜力。他设想这一次人人都能获得知识。在某种程度上,他是对的。我们这些能上网的人确实能通过指尖获得无限的信息供给。这种更易获取信息和在网上相互联系的能力,为草根运动提供了新的渠道——可以通过这新渠道来挑战现有的权力阶层。这正如我们在"反性骚扰"和"黑人的命也是命"运动中看到的那样。[14]

总的来说,这些变化为人类提供了更多用于满足安全和自尊需求的方式。但总和上更大的权力,并不一定意味着每个人也都会拥有更大的权力。这还需要内部的干预手段,就像赤脚学院那样,把技术赋予那些受到权力等级约束而无法获得宝贵资源的普通人。如果没有这种有目的的技术使用,数字革命基本上就无法达到伯纳斯－李和卡里奥所设想的那种强大的均衡力量。与以往的技术浪潮一样,它改变了权力的分配,但并不是每个人都能得到平等的好处。[15]少数人已经成为数字革命的大赢家，手中掌握着巨大的权力。

新的挑战：数字革命影响了生活的方方面面

伊拉克发现了一种最古老算法的痕迹，它被刻在一块苏美尔泥板上，可追溯到公元前2500年左右。它包括一套关于组织任务的指令。从根本上说，"算法"（algorithm）只是"设定一组方向"的另一种说法。"算法"这个词自早期出现以来已经有了很大的发展。今天，这个词最常用来指"告诉计算机该做什么的指令序列"。这些指令可以由人类输入。例如，程序员可以编写一个算法，告诉电脑生成a点和b点之间最短的路线。但在开启了数字革命的大数据时代后，电脑成为可以基于大型数据集，编写、输入和输出自己指令的程序员。例如，如果程序员给计算机输入一份除法列表，而计算机不知道除法是什么，机器就会发现这个模式，并学会自己复制它。这就是人们所说的"机器学习"，一种人工智能（AI）的应用。这极大地加速了我们处理和学习大量数据的能力，并优化和提高了机器的效率、准确性和预测精度。

人工智能及其应用正在产生惊人的进步，在很多方面改善了我们的生活。例如，在数字技术支持的大数据下，机器学习算法可以从数千张医学图像中进行学习，从而比人眼更早、更准确地识别出人体组织中的癌症肿块。大健康领域的移动互联网技术，正在降低传播大健康信息、提供病人护理和监测服药情况的成本，有可能使全世界低收入和中等收入国家的农村地区获得健康解决方案。技术优势的使用，远远超出了医学领域。借助其创新的工具和流程，我们对自然资源和能源的开发能力增强了，汽车和工业材料的安全性与耐久性、信息和消费品的易获取性与价格成本都得到了优化，并且创造出无数其他的便利和机会，满足了我们对安全和自尊的需求。

算法决策在很大程度上改善了我们的生活，因为它使用的数据量远远超过了人类能够处理的数据量。而且，它在某些方面是一致、精确和可靠的，而人类无法做到这一点。因此，算法决策有可能使那些被人类决策者有意或无意歧视的人受益。例如，一项自动的贷款承销分析显示，这套技术在预测违约方面比人工更准确，从而能让批准贷款的比例更高，对于之前服务不到的客户更是如此。

然而，除了这一进展和赋能潜力，数字技术和人工智能还影响了权力分配的两个关键方面。这两个方面需要我们警惕和密切观察：算法的控制和个人信息的控制。

首先，算法也可能存在偏差。而当算法出现偏差时，数字技术和大数据所带来的大规模应用，就意味着即使是很小的偏差也可能影响到很多人。例如，美国政府及其执法机构越来越多地使用机器学习算法来巡逻社区、识别和监控罪犯。好的方面是，比如将面部识别监控等技术运用在公共交通领域，在机场使用生物识别数据收集，这些措施可以减少和防止犯罪。但如果算法有缺陷，其力量会更加严重地损害某些特定人群——通常是那些弱势群体。也就是说，面部识别算法错误识别黑人面孔的可能性是白人面孔的 5 到 10 倍。这增加了无辜的黑人男性和女性被记录在案的可能性，增加了他们并没有犯罪却被起诉的概率。

虽然目前还不清楚为什么面部识别系统在肤色较深的皮肤上会出现较低的准确性，但已经发现的原因之一是，许多用于训练和测试面部分析系统的数据来源并不具有适当的代表性。正如麻省理工学院媒体实验室的乔伊·博拉姆维尼（Joy Buolamwini）所说："如果机器训练用的数据集并不是真的那么多样化，任何与现有标准偏离太多的面孔都将很难被检测出来。"不难看出，这可能只是一个无意的偏见，但它助长和加深了现有的权力等级制度。

我们很难发现和修正算法决策的这些意外后果，因为我们通常不知道算法正在影响我们的生活。而且，我们很多人都习惯了假设算法是"中立的"。一些工程天才写了一套规则，因为这是数学，结果必须是客观的和以事实为基础的，但关键在于细节。正如数学家凯西·奥尼尔（Cathy O'Neil）所说，"算法是嵌入代码中的观点"，而如果假设它们的输出总是"客观的"，我们就会把它与人类的责任撇清。

做出这些重要选择的人是程序员和计算机工程师，他们自己是什么样的人、他们的工作方式是什么样的也会给他们构建的算法带来偏见。在苹果和脸书（Facebook，现更名为 Meta）等公司，只有一小部分技术员工是女性、黑人、原土著民和有色人种。然而，不同的视角对于识别偏见，以及在测试和调整算法时至关重要。而且，在大多数情况下，他们的雇主是公司，他们会按照高管的命令行事，而高管反过来又对投资者负责，投资者希望获得的是利润。因此，公司代码作为"能下金蛋的鹅"，不会被拿出来公开共享，也没有人可以访问、分析或挑战算法。由于缺乏透明度，计算机工程师和公司掌握着从产品开发中盈利的控制权，不受公众监督和问责。

数字革命带来的第二次权力转移是对个人信息控制权的转移。虽然数字技术让我们可以在网上获取无限的信息，但我们对自己在网上留下的信息几乎没有控制权。想象一下，你的一举一动都能被全世界观察：你走的每一步、吃的每一顿饭、与别人的每一次谈话都能被监视。

英国哲学家杰里米·边沁（Jeremy Bentham）率先构想出了这样一种建造监狱的方式。在这个系统中，一个单独的狱警既可以不被囚犯看到，又可以随时毫无阻碍地观察每一个囚犯。边沁把这个系统称为"圆形监狱"（Panopticon）。法国哲学家米歇尔·福柯（Michel Foucault）在20世纪70年代借用了边沁的概念，并将其作为一个隐喻，描述通过监视，少数人可以对多数人行使社会控制的情形。其结果将带来一个非常有序和规范的社会，人们却完全没有自由。今天，无论我们自己知道与否，我们生活中越来越多的方面受到了"数字圆形监狱"的监视，而我们很多时候并不知道自己正在被监视着。

当我们使用数字设备时，数以百万计的数据点被记录下来，留下了我们的习惯、欲望和需求的痕迹。为了与不断提高的数据存储能力相匹配，这些信息为访问它的人提供了一个前所未有的机会来了解和监视我们。如果没有监督和问责制，这种监视可能会迅速从良性的数据收集转变为不良的控制。

政府并不是唯一能够获取我们大量数据的实体，公司可以使用监控软件追踪员工每天花在打字上的时间，随机获取他们电脑的屏幕截图，记录他们访问的每一个网站，并将这些信息报告给他们的经理。

一些公司（尤其是大型科技公司），不仅可以获取他们员工的信息，还可以获取我们所有个人的信息。亚马逊能够了解我们的购物品味；Alexa智能音箱存储了我们对话的片段；脸书知道我们喜欢什么、我们崇拜谁，知道我们在聊天软件WhatsApp上给谁发过短信或打过电话，知道我们欠谁的钱，以及什么类型的内容更有可能激怒我们，从而让我们在网站上停留更长时间；苹果手表可以捕捉我们的心率；通过搜索和油管（YouTube）浏览量，谷歌知道我们对什么感兴趣、我们害怕什么，它甚至可以知道我们在特定时间所处的位置、我们的声音和我们的长相。因为这些公司知道我们需要什么和想要什么，它们就拥有了巨大的力量。这可以对我们有利，也可以对我们有害，一切都取决于这些信息如何使用以及被谁使用。

为了不那么高尚的目的而控制高价值资源的诱惑一直存在。在《监视资本主义时代》(*The Age of Surveillance Capitalism*）一书中，社会心理学家肖沙娜·朱伯夫（Shoshana Zuboff）详细记录了科技公司是如何通过使用和出售我们的个人数据获利的。起初，科技公司通过获取用户的数据来改善他们所提供的服务。然后，在20世纪90年代，一些人开始利用这些信息向我们投放广告来创收——他们知道我们很可能会对这些广告做出反应。这种商业模式很快传播开来，于是争夺人们注意力的竞赛开始了。"参与"（Engagement）成为"注意力经济的货币"，而数据则成为"新的石油"。当大型科技公司意识到它们可以把我们的数据直接卖给感兴趣的人时，它们就不会止步于定向广告。它们的客户包括保险公司、银行、雇主、政治运动，以及任何愿意并准备花钱了解我们需求的人。它们对潜在客户的推销非常简单：你付钱给我们，我们就能让人们做你想让他们做的事——购买你的产品，注册你的服务，甚至在下次选举中为你投票。

油管、苹果、网飞（Netflix）和亚马逊的人会决定网站的推荐内容，并决定我们接下来应该看什么。脸书、推特和 TikTok 会决定它们在信息推送中使用哪些算法。它们决定了我们在互联网上最先看到的新闻是什么，在给我们的信息推送中会出现什么帖子，当我们浏览一个网站时，会弹出什么产品，以及我们在约会应用程序上与谁相匹配。正如推特创始人之一杰克·多尔西（Jack Dorsey）2018 年在国会做证时承认的那样："每次有人打开我们的服务，每次有人打开我们的应用程序，我们都在含蓄地鼓励他们做某事或不做某事。"同时，他进一步指出，"我认为，我们需要质疑我们目前产品中的基本激励措施。"

由于对算法和个人数据的控制，科技公司已成为商业和信息渠道的守门人。这是信息中介的力量惊人：消费者、员工和供应商通常别无选择，只能通过大型科技公司来实现购买、销售和工作。由于可供选择的方式有限，他们不可能轻易放弃使用某种技术或平台，或者即使不赞同某家公司的做法，也不可能放弃为其工作。科技公司经常利用自己的主导地位获得更大的权力，并通过反竞争手段滥用这种权力，比如掠夺性定价、排他性协议、勒索费用，或者收购数百家竞争对手来排除竞争。因此，像谷歌、亚马逊、脸书和苹果这样的公司就是垄断企业或准垄断企业，它们的经济实力已经比某些国家还要强大了。

这给我们留下了什么？大型科技公司牢牢掌握着权力的基本面。首先，它们能够实时、精确、广泛地知道我们所看重的是什么，它们可以用这些信息来预测我们的行为。其次，它们不仅可以单方面控制收集到的关于我们的数据，还可以控制这些数据如何被用来影响我们的信仰和行动。最后，它们可以利用自己的权力减少消费者、供应商和竞争对手的选择，甚至影响一些决策，为自己赢得很大的回旋余地。

由于这种巨大、不受约束的权力不平衡，在这些公司工作的技术专家有意或无意地做出的一些决定，也许并不符合我们的利益和福祉。而且，通常是不符合我们的利益和福祉的。因此，最关键的是我们和我们的孩子要有批判性思考的能力，以及决定自己想要什么和如何去做的能力。历史告诉我们，面对心理宣传和权力集中时，保持这种能力至关重要。在数字时代，这一点尤其重要，因为我们要应对深度造假、假新闻，以及旨在改变真相的刻意造谣活动。

然而，权力的集中并非一成不变。正如许多谷歌员工向我们展示的那样，我们总是需要鼓动、创新和协调，以改变现在的权力等级。

警惕大型科技公司的力量

2018年3月，谷歌与美国国防部签订了一份合同，帮助设计一个可以分析无人机画面的人工智能工具。尽管谷歌公司声称该项目"没有冒犯性"，但很多谷歌员工还是被激怒了。当员工们意识到自己无法迫使公司做出实质性的改变后，他们转向了集体联合行动。他们不仅只想鼓动一下，还想通过创新和协调带来改变。"我们想培养自己做决定的能力，而不仅仅是恳求掌权者。"当时参与其中的谷歌员工梅雷迪思·惠特克（Meredith Whittaker）告诉我们。

他们起草了一封公开信，要求立即取消"Maven项目"（即上述项目的名称）。他们还推动了一项创新：要求谷歌起草并执行一项明确的政策，要求谷歌和它的任何承包商都不制造"战争技术"。这封公开信最终得到了4600多名谷歌员工的联合签名。在这封公开信发表一个月内，谷歌的高层并没有做出任何实质性反应。大约有12名谷歌员工主动辞职，抗议公司继续参与该项目。

与此同时，谷歌参与"Maven项目"的消息及其员工的反应被媒体广泛报道。迫于巨大的压力，谷歌不得不做出一些改变。作为回应，谷歌公司宣布，它们与美国国防部为期18个月的合同将于2019年3月到期，届时公司不会续签。谷歌首席执行官桑达尔·皮查伊（Sundar Pichai）还发表了一份声明，描述了一系列关于人工智能的原则，其中就包括不追求"主要目的或使用结果会造成或直接推动伤害人类的武器或其他技术"。这些原则主张：人工智能及其使用应该对社会有益，避免产生或强化不公平的偏见，应该从安全性上进行构建并测试，要对人们负责，并纳入隐私保护设计原则，维护卓越科学的高标准，并为符合这些原则的应用提供可用性。

经过几个月的不懈努力，谷歌这场抗议的组织者开始看到他们的努力有了成果。集体行动以及由此引发的媒体报道给了他们一些权力，使他们的要求被看到，因为这有可能损害公司的声誉，而声誉正是公司领导层和股东非常关心的资源。但是，在公司发布这一声明后不久，谷歌的员工再次采取集体行动，反对公司对人工智能的滥用。

2018年10月，有消息称，安卓移动操作系统的创始人安迪·鲁宾（Andy Rubin）在2014年因针对他的性侵指控被证实而离开谷歌时，获得了9000万美元的报酬。尽管谷歌的领导层可能会通过支付一大笔报酬、避免诉讼争议的方式赶走一名高管，但在"反性骚扰"运动刺激下爆发的世界性反抗性骚扰和性别歧视大环境下，谷歌的员工发现这则消息揭露了公司因为涉事者在公司的职位，不恰当地对施害者进行了过度保护。因此，谷歌的一群员工再次组织抗议。但这一次，他们超越了公开信的方式，把抗议从网络空间带到了现实世界。

2018年11月1日，在世界各地的多个城市，谷歌的员工走上街头进行了抗议。据组织者称，超过60%的谷歌办公室，总计数千名员工参与了这次罢工抗议。同一天，他们在"The Cut"上发表了一篇文章，阐明了五个关键诉求：结束对员工劳务纠纷的强制仲裁；承诺结束薪酬和机会不平等；一份公开披露的性骚扰透明度报告；在全球范围内建立一个明确、统一、包容的性不端行为报告渠道；组织治理方面的改革，包括将首席多元化官（Chief Diversity Officer）改为直接向首席执行官汇报，以及任命一名员工代表进入董事会。

谷歌员工的故事只是众多请愿和抗议中的一个例子。科技人员此后开始组织起来，要求他们的公司采取更有道德的行为。不仅在谷歌，亚马逊、脸书、赛富时（Salesforce）、微软（Microsoft）和苹果等公司都是如此。许多人还提出了创新性的想法，并努力通过协调付诸实施，因为他们意识到自己构建的工具是具有政治性的。

正如2019年离开谷歌的梅雷迪思所说，这些员工想要的就是"对自己打造的产品有发言权和控制权"。在经历了利润追求为巨大牵引力的几十年之后，他们行动了起来，把硅谷和高科技文化推向更广泛的领域。同时强调在其他方面，比如商界，要保护民主价值观和人权，要让员工的工作场所更具包容性。正是这一愿望，他们在2021年引导400多名谷歌员工创建了一个工会。以谷歌的母公司Alphabet命名的"Alphabet员工工会"

（Alphabet Workers Union）成立了。这个工会致力于"保护谷歌的员工、全球社会乃至世界，促进团结、民主、社会和经济正义"。

面对这些公司的过度权力，这场由内部科技员工和外部活动人士领导的变革运动既重要，又具有挑战。为了向公民、消费者和小公司提供更多的信息和服务项目，监管也是有必要的。

如果想在数字时代实现权力的再平衡，我们就需要在一定程度上掌控我们的个人数据，控制能够影响我们生活方方面面的算法。但是，我们应该从哪里入手呢？作为个人，我们有一些方法来保护自己的隐私和数据。例如，设置电脑的匿名浏览并在关机时删除浏览历史的功能，或者使用能更好地保护个人信息的替代浏览器和应用程序。然而，这些功能只能在一定程度上奏效，因为我们的 IP 地址仍然是可见的。这就意味着我们浏览的网站、我们的互联网服务提供商、我们的雇主和/或政府仍然可以跟踪到我们的线上活动。

所以，要保护我们在网上的隐私和被平等对待，就需要修改法律，然后确保相关法律得到执行。在 2021 年举行的电脑、隐私和数据保护会议上，苹果公司首席执行官蒂姆·库克（Tim Cook）强烈呼吁开展深度数据隐私改革，"向那些主张有权获得用户隐私信息的人发出一种普遍、人道的回应，告诉他们什么是不应该做也不会被容忍的"。谷歌的首席执行官桑达尔·皮查伊也呼吁进行此类监管。在 2020 年发表于《金融时报》（*Financial Times*）上的一篇专栏文章中，他坚称，监管是有必要的，并建议"可以将欧洲《通用数据保护条例》（*General Data Protection Regulation*）等现有规则作为监管的坚实基础"。

2018年，欧盟通过了《通用数据保护条例》。这一里程碑式的立法，让每个欧洲公民都可以自由获取公司收集的关于他们的信息，迫使公司在收集数据前要明确地获得同意，对可收集的数据进行了限制，并赋予公民因隐私被侵犯而寻求赔偿的权利。然而，这项法律的通过并不意味着社会活动家的工作就结束了，他们一直在不知疲倦地推动相关立法。2018年5月25日，也就是该条例生效的当天，奥地利律师、隐私保护活动家马克斯·施雷姆斯（Max Schrems）和他的组织"与你无关"（None of Your Business，NOYB）对脸书和谷歌提起了法律诉讼，具体而言就是针对它们目前非法实施的"要么接受，要么放弃"的隐私政策。2020年2月，"与你无关"对亚马逊也提出了另一项类似诉讼。

施雷姆斯和"与你无关"将自己的角色视为看门人，把重要案件和隐私问题提交给法律和监管机构。除了改变法律，活动积极分子和组织的行动——简而言之，一场运动——将继续发挥推动新法律执行的杠杆作用，迫使相关公司和公共当局遵守原则。正如法律学者莉娜·可汗（Lina Khan）指出的那样，相关法律往往已经成文，但它们的应用并不一致，有时几十年都没有使用过，就像美国的反垄断立法一样。

像可汗这样的声音正在帮助恢复政府对大型科技公司的监管，美国州和联邦层面的立法者和司法部部长已经开始挑战在许多市场上存在垄断行为的公司。因此，迄今为止，欧洲立法者在对他们认为利用市场支配地位滥用权力的科技公司的处罚上是最积极的。与此同时，世界各国政府也已经意识到这种极端权力失衡的威胁，对相关立法日益重视。

2021年，澳大利亚通过了一项法律，要求社交媒体公司为出现在其平台上的新闻报道付费。尽管有些公司提出了抗议，但这是朝着恢复公益新闻的权力迈出的里程碑式的一步。司法系统也开始要求科技公司为算法偏见负责。2021年，送餐员对英国美食外卖应用Deliveroo提起了具有分水岭意义的诉讼。意大利博洛尼亚一家法院裁定，即使算法中对送餐员的歧视是无意识的，公司仍有可能被追究责任，并被强制支付损害赔偿金。

然而，要监管好那些发展迅速的复杂技术并不容易。意识到具有专业技术背景的社会活动人士在监管中能够发挥有效作用，梅雷迪思——"现时人工智能研究所"（AI Now Institute）的共同创始人，仍在继续推动科技产业在涉及伦理问题（比如种族、性别和权力）时，要更具包容性、更加负责任。2019年，在美国众议院空间和技术科学委员会的做证中，她概述了与人工智能相关的关键重点，包括在敏感的社会和政治环境中，需要停止政府和商业对面部识别技术的应用，除非已经对风险进行了充分评估，并且有足够的法律法规保障，比如关于生物信息隐私保护的法律和对算法偏差的审查评估机制。

后者将特别具有挑战性，不仅因为算法偏差评估的责任界定困难，还因为建立公平的算法本身就是一个复杂的问题，需要身处人工智能发展前沿的工程师、计算机科学家和法律学者共同呼吁，强调相关工作的紧迫性。但我们确实知道一些算法是如何运行的，以及我们在哪些地方可以更好地进行监督。

计算机科学家有一种说法："垃圾进，垃圾出。"意思是，如果向一个算法输入有偏差的数据，你就会得到一个有偏差的输出结果。虽然开发这些算法的人可能不会直接控制算法的输出（算法所建立的神经网络拓扑结构包含太多的输入变量，任何人都无法直接控制），但他们可以控制算法的参数。关键是，他们能够决定向算法"输入"什么数据，并对其进行微调，以修改它的学习方式。例如，在人脸识别技术中，通过向算法输入不成比例的大量黑色人脸图像，然后测试算法输出的准确性，就可以解决一部分黑人人脸与白人人脸不成比例的误识别问题。要求提供算法使用的训练数据及其输出结果评估的透明度，是监管干预可以实现的一个目标。

当我们采取行动重新获得对技术的控制时，邦克·罗伊在创建赤脚学院时拥有的那种包容的心态就会变得越来越重要。正如他的继任者梅根告诉我们："只有当发展中国家从事太阳能工作的女性能够与工程师平等坐在一起，当我们设计的技术能够更好地满足人类需求时，我们才能实现一场把所有人都涵盖在内的技术革命。"内祖玛的经历证明，当技术的设计及其意义经过了仔细思考，并花时间培训人们使用它时，技术就可以对人们的生活产生积极的影响。

随着自动化的发展，越来越多的人工被计算机和机器取代，这种培训变得越来越重要。经济合作与发展组织（OECD）已经将其成员国社会中22%至45%的职业置于"消失的危险"之中。对科技公司的一些抵制，不仅源于对它们拥有巨大权力的合理性的担忧，还源于许多领域的员工和专业人士正在经历的自主性和成就感的消失，因为他们提供的资源在市场上失去了价值。这带来的可怕之处是会剥夺人们的安全感和自尊，从而把他们变成反对技术进步的人。

不过，虽然自动化会让人类越来越不适合从事那些可以被编程和重复的任务，但它也会让人类在执行需要创造力和社交技能的任务时变得越来越不可或缺。人类工人在与数字机器之争中是否能胜出，取决于这些任务是不是非常规任务，以及工人身体的灵活性和多功能性、思想和原创、社会感知、说服力和信任度，还有对人机合作关系的设计。

对于人员培训或复训的投入，需要向人们提供受教育的入门机会，并根据当地青少年和成年人的知识水平，对需要培训的技能进行调整。这就要求教育体系不仅要培养人们的技能，还要培养他们的文化、道德、艺术、科学水平，以及批判能力。这些正是我们区别于机器的地方，也是我们独特的价值和力量的依靠。

现代技术把权力赋予了更多人

人类对安全和自尊的追求驱使着我们开发科学技术，使我们能够探索、控制和利用我们身处的环境。我们已经学会掌握新的工具，从饮用水净化和风能利用到智能手机和机器人的制造。科学家们现在已经开始了修改生命本质的旅程：修改我们的 DNA 和其他物种的 DNA。基因编辑技术的进步，比如 CRISPR，有可能治愈许多致残性疾病和改变生命形式，以确保所有人的粮食供应，同时遏制人类对环境的有害影响。然而，尽管我们掌握了一切，巨大的不平等现象依然存在，飓风风暴、自然火灾等生态危机频繁发生，给我们上了重要的两课。

第一课是，随着每一次技术变革的出现，权力会发生转移，但其分配并不一定会变得更加平等。数字革命就是众多新技术导致权力和财富集中到少数个人和组织手中的事例之一。社会企业家格雷格·布罗德斯基（Greg Brodsky）是这样说的："技术几乎颠覆了经济的方方面面——兼职、游戏、购物以及酒店预订，但科技行业一直不愿触及的一件事，是其自身的主体责任。在某种程度上，科技行业只是在其他所有经济领域重新建立起了一系列财富不平等关系。"

第二课是关于谦逊的：大自然不断地提醒我们，即使拥有精妙的技术，我们也不能控制一切。我们的一些科技进步适得其反：我们对全球自然资源的开发人为地加速了气候变化，这可能会改变我们现在看到的地球上的生命形态；虽然煤炭和石油确实为现代工业和经济发展提供了动力，但温室气体排放导致的全球变暖正在打破自然界的平衡。而这种平衡曾使我们的气候是可预测的，并使得人类文明在过去12000年中得以发展。

虽然我们无法掌控一切，但可以控制自己的选择——选择如何组织自己的社会。我们可以控制何时、如何、以何种目的来使用技术。一些人认为，一项技术是否应该获得使用的艰难决定应该由市场做出。然而，仅仅是对一种产品的需求，并不能保证它存在的合理性。投资者们排着长队，想在一片繁荣的监控技术市场上分得一杯羹，但这并不能成为监控技术获得广泛使用的正当理由。当年，正是这种不受政治和道德监管、限制的市场推动了跨大西洋的奴隶贸易，并持续了300多年，把1000万非洲人送到了美洲。

对市场的盲目依赖，也会促使公司彻底陷入股东利润最大化的诅咒之中。企业领导人和投资者忽视了其活动对环境和社会的影响，加剧了对环境的破坏，导致社会经济的不平等。把技术的控制权单独交给市场，会使世界变得更不安全、更不人道，甚至更不平等。而且可以想象，这么做将使人类走向灭绝。

如果技术的使用权不是由市场单独决定的，那么由什么决定呢？是那些开发了这些技术并对其了如指掌的技术专家吗？最好的情况是，他们可能会像许多科技企业员工那样要求道德上的问责,并对自己的更高目标保持忠诚。然而,最坏的情况是,我们可能会失去社会体系的道德准则。正如文艺复兴时期的作家弗朗索瓦·拉伯雷(François Rabelais)有先见之明地观察到的那样:"没有良心的科学只会毁灭灵魂。"

把对新技术的控制权留给任何一个小团体都会是危险的,因为这将允许他们出于自己的利益而滥用新技术,从而让他们可以随心所欲地将更多的权力集中到自己手中。不难想象,人们会利用CRISPR基因修改等技术,人为地进行基因增强操作,以达到自己更长寿、更健康的目的,并创造他们认为的基因优越的后代。从奥尔德斯·赫胥黎(Aldous Huxley)1932年的小说《美丽新世界》(*Brave New World*)到电影《变种异煞》(*Gattaca*),很多图书和电影都描绘过这样的邪恶乌托邦社会,也很有可能变为现实。

技术变革总是让我们在两条道路中做出选择:一条通向少数人的权力,给其他所有人带来危险的后果;另一条是获取新技术的共享决策方式。我们要走出这个抉择的路口,唯一的办法就是想清楚我们如何做才能重新控制技术,从对社会有用的角度来评估技术的价值,并让人们能够更民主地使用技术。公共政策和私营企业都向我们表明,对技术的应用显然不是为了利润最大化,而是为了公平、保护隐私和可用性。权力就是这样分享到许多人的手中的。如果我们进行积极控制,就能够实现并保持这样一个民主化的权力制度。

08

捍卫你的权力

从帕布里科宫可以看到锡耶纳令人叹为观止的坎波广场，这个广场因其从1633年以来每年夏天举行佩利奥赛马节而闻名于世。当游客们从坎波广场令人迷醉的美景中离开，进入帕布里科宫后，他们将会看到另一个令人难忘的著作——安布罗乔·洛伦采蒂（Ambrogio Lorenzetti）的壁画《好政府和坏政府的寓言》，这是中世纪意大利政治艺术的杰出作品。

洛伦采蒂在1338至1339年间绘制了这一系列壁画。当时，锡耶纳共和国是意大利最强大、最繁荣的城邦之一。它由九名经过选举产生的公民管理，九名公民组成政府，但他们的任期只有两个月，然后又让位给另外九名公民。[1]锡耶纳市民委托洛伦采蒂为九位公民代表开会所用的和平大厅绘制壁画，以鼓励他们的工作，并提醒他们所做的决定将带来重大影响。第一面墙上的两个人物画像，一个是充满了美德的寓言形象，另一个充满了邪恶，代表了好政府和坏政府的形象比较。第二面墙上的一对图画提供了这个城市的对比视图：第一幅图展示了理想中的锡耶纳——公民共同生活在安全、有序、和谐和繁荣之中；另一幅图则展现了一片废墟中的城市，公民被暴力和贫困所征服。

在锡耶纳成立后的68年里，成千上万名市民都曾成为政府的一员。那时的锡耶纳在城市建筑、公共工程和文化进步方面都展现出了辉煌的成绩。[2]一个政治动荡的时代，以激烈的政党斗争和持续的政府动荡为特征，善与恶的治理之间的对比鲜明而生动。

为什么治理体系如此重要？答案很简单：不管我们人类多么努力地尝试，我们都不能仅仅依靠我们的善意来控制权力的傲慢和自私。历史和个人经验告诉我们，要警惕任何形式的过度权力。[3]给任何一个人足够的权力和时间，他滥用权力的风险都会不可避免地增加。就连我们在第2章中见到的巴西医生薇拉·科代罗也是如此，尽管她也被一个崇高的目标激励着，但随着她的名气变大和她的非政府组织的发展，她也面对着掉进权力陷阱的风险。

尽管权力过度集中的风险永远无法完全消除，但社会科学已经教会了我们很多关于如何遏制这种风险的知识。正如14世纪锡耶纳的公民自觉认知的那样，要想控制权力，就需要对权力设定结构性的限制，以确保两件事：第一，权力是共享的，而不是集中在某个人或小团体手中；第二，当权者要承担责任。当家庭成员和同事帮助薇拉认识到权力对她产生的有害影响时，她的直觉让她明白，她必须采用新的做法来分享权力，并让其他人在团队会议上对她负责。正如我们将看到的，这两种杠杆——权力共享和权力问责——不仅适用于一个团队的个人领导者或中世纪城邦的统治者，还适用于任何工作场合和社群。我们都有经过验证的方法，可以用来控制自己和他人的权力。

防止权力滥用：让你的组织更多元化

2013年，艾伦·奥乔亚（Ellen Ochoa）成为约翰逊航天中心（Johnson Space Center，JSC）主任。该中心是美国国家航空航天局（NASA）任务控制和宇航员培训项目基地。她是第一位进入太空的拉丁裔宇航员。为了实现自己的梦想，她不知疲倦地工作着。她亲身体会到，对于像她这样的人来说，让自己成为最适合某份工作的人并不能保证可以得到这份工作。"如果你是一名白人男性工程师，人们就会认为你是一名优秀的工程师，除非有证据证明你不是。但是，如果你是一名女性工程师，或者是一名黑人工程师，抑或是一名拉丁裔工程师，你就不会得到无罪推定。你必须在别人注意你之前证明自己的能力。"[4]

艾伦的经历既不是绝无仅有的，也不局限于工程领域。尽管职场上能力合格的少数族裔和女性人数不断增加，但西方国家的组织权力仍然主要集中在白人男性手中。与长期存在权力差异的群体相比，这些群体在薪酬和获取资源方面仍然处于不利地位。[5]因此，组织助长了性别和种族不平等，并一再重复这种现象。这些不平等的根源就是我们在第5章中所剖析的权力等级制度。[6]

正是由于这种认识，艾伦的前任、约翰逊航天中心前主任迈克尔·科茨（Michael Coats）将人员多样性和包容性作为他任期内的首要任务之一。作为一名前宇航员，他在政府和私营部门有过丰富的经历。用他自己的话说，这使他成为"多元化力量的坚定信徒"。[7]迈克尔不仅谈到了让约翰逊航天中心更加包容的必要性，还与当时的副主任艾伦密切合作，让航天中心的包容性不断增强。"他说自己希望女性和少数族裔能够拥有和他一样、和男性一样的机会。一开始,我很惊讶,"艾伦回忆说,"但我们还是开始行动了。很明显,这不仅仅是口头上说说,他是致力于实现变革的。"

他们主张,多样性有助于创新。艾伦解释说:"迈克尔和我都认为,如果我们不能让约翰逊宇航中心的每个人都在工作中感到有价值,不能最好地发挥自己的作用,那么我们就限制了组织的发展潜力。"不过,这并不是他们唯一的理由。"这不仅对组织而言是件好事,这本身就是件好事。我的个人经历可以清楚证明这一点。毕竟,我是理工专业的拉丁裔!我读物理博士时的种种经历就让我明白,女性'不应该成为工程师',(感觉)像一个局外人,感觉我不属于这里。"

迈克尔和艾伦认为,让约翰逊航天中心成为一个更具包容性的地方,可以帮助该组织蓬勃发展,这与有关多样性的研究结果一致。这项研究发现,多样性可以提高组织效率。[8]然而,人员多样性本身并不能使一个组织更具包容性。要实现这一点,权力必须在所有群体中更平等地进行分享,而不是集中在通常认知的人手中。[9]迈克尔和艾伦面临的问题是,如何策划这样的转变。这也是许多组织至今仍需要努力解决的问题。

一段时间以来,公众的注意力都集中在鼓励女性"向前一步"[10]上,让女性在组织的阶梯上攀爬。不过,艾伦经历了惨痛的教训后才明白,尽管举手发言、表达意见、坚持让别人听到和考虑都很重要,但"向前一步"并不足以改变组织中的权力分配。我们需要的不是把游戏玩得更好,而是改变游戏规则。

艾伦的经历还让她知道,虽然让一些有代表性的女性和少数民族裔担任高级职位有助于打破障碍和激励其他人,但这几乎不会改变权力分配的现状。虽然这些人群的代表性是可见的，但他们的高可见性反而为其在更高级别上的表现造成了更多压力。他们还可能感到被孤立，他们的观点可能被边缘化。管理作家罗莎贝斯·莫斯·坎特（Rosabeth Moss Kanter）在她开创性的研究中指出，即使某个人的工作表现堪称典范，但象征性的代表制度所造成的心理后果——令人不满的社会关系、悲惨的自我意象、矛盾的需求带来的挫败感、自我表达的抑制、不充分和自我憎恨的感觉等——也会造成巨大的破坏。[11] 然而，许多公司都沉溺于这种象征性的做法，任命少数女性和少数族裔担任领导层和董事会职务，以此作为性别和种族平等的象征。[12] 这种做法不仅不能实现真正的权力再分配，还可能成为权力再分配真正的障碍。

在过去 20 年里，我们和艾丽西娅·德圣托拉（Alicia DeSantola）、拉卡什米·兰马拉杰（Lakshmi Ramarajan）一起，研究了超过 2000 家企业的董事会构成。我们发现，这些公司在发行上市时，如果董事会里没有女性，它们可能就会添加一个进入董事会，但一旦董事会里已经有了一位女性，就不太可能添加第二个进来。[13] 董事会里有一位女性似乎已经足够被认为是在做正确的事了。但这肯定不足以改变权力的格局。对董事会的研究还发现，董事会中某个群体的人数必须达到临界规模（有些人设定在 30% 左右），才能在监督、新想法和发散思维方面做出有意义的贡献。[14]

那么，艾伦和迈克尔还能做些什么来赋予女性和少数族裔更多的权力呢？多元化培训的目的是让员工意识到他们自身存在的无意识的偏见，并调整他们的行为以减少这些偏见。多元化培训是一个流行的方法，它受欢迎是有道理的。因为正如我们在第 5 章中看到的，根深蒂固的刻板成见是改变权力分配的主要障碍。所以，艾伦和迈克尔强制要求对约翰逊航天中心的所有员工进行多元化培训。然而，他们知道，这种培训本身并不能减少偏见、改变别人的行为或职场环境，因为它通常不能让那些受到歧视的人获得宝贵的资源。从这个角度来看，多元化培训并没有从根本上改变或挑战组织中的权力分配。事实上，如果经过这种多元化培训的人相信仅仅通过培训就使他们的组织更加精英化，这种想法甚至可能适得其反。这种自满情绪会为更多的歧视打开大门。

问题不在于多元化培训本身，而在于认为只有多元化培训才能解决问题的看法。研究如何才能使一个组织的文化更具包容性的专家得出了同样的结论：真正的变革需要多方面的干预，从而实现权力的再分配。除了关注人们的个人态度和偏见之外，这种改变还需要重新考虑所有组织的现有流程和体制，包括从招聘到晋升、薪酬和获得职业的机会，通过这些来了解是什么导致了组织中不同群体间不平等的资源获取。

为了完成这些任务，艾伦和迈克尔成立了一个创新与包容委员会，由高级管理者、人力资源代表、多元化与平等机会办公室（Office of Diversity and Equal Opportunity）成员，以及每两年轮任的员工代表共同组成。将这些任务委托给一个委员会，既能推动数据决策，又能深入诊断组织的做法是否正确。如果没有这样的诊断，最明显的不平等现象可能会受到谴责，但其根源的问题从来没有办法解决。

该委员会系统地追踪谁申请了工作，谁得到了晋升。这让他们意识到，约翰逊航天中心需要扩大其招聘渠道。在招聘过程中，参与者不仅要有高级别人员，还要组成一个人员多元化的招聘团队。其目的是切断基于人际网络的招聘方式，转而通过更广泛、更多样化的渠道进行招聘。要做到这一点，就需要积极主动地接触和投入那些与弱势群体合作的组织。然后在理想情况下，坚持对候选人的简历进行"盲评"，也就是把候选人的年龄、性别、种族和社会经济背景等信息尽可能隐藏起来。

其目标是对所有候选人进行系统和公平的招录，而不是依靠面试官的直觉或候选人的文化契合度来评判，因为文化契合度往往会排除那些与负责招聘的人背景不一样的高潜力候选人。

然而，更公平的招聘程序并不一定能保证招入的新员工一定会合适。于是，委员会向约翰逊航天中心的员工寻求帮助，听他们的意见，以便更好地了解他们面临的挑战，以及该如何解决。"如果你想解决一个问题，就要和那些正在面临这个问题的人谈谈。"艾伦告诉我们。管理学学者劳拉·摩根·罗伯茨（Laura Morgan Roberts）和托尼·梅奥（Tony Mayo）对此表示赞同，并强调参与这种对话对于建立信任、培养同理心和分享观点非常重要。倾听那些受到歧视的人的意见，在重新设计本组织的政策和程序时给予他们发言权，可以减少歧视和偏见流行的风险，同时也可以在本组织内重新分配权力。

当艾伦成为约翰逊航天中心主任之后，这些对话机制为她提供了批判性的见解。她延续使用了自己与迈克尔以及委员会成员之前创立的工作方式。他们很少关注人们在组织中获得权力的另一种方式：通过大量非正式的机会，让员工接触到网络、美差、可见的其他有价值的资源。决定由谁来代替休假的经理、谁来参加一个核心团队，或谁来接待一位到航天中心参观的有影响力的客人——比如国会议员或白宫科学技术政策办公室（The White House Office of Science and Technology Policy）主任这样的客人，这些通常都要由部门负责人来决定。而且，正如许多职场上普遍存在的那样，领导通常会求助于他们的"得力助手"。因此，机遇（或排斥）良性（或恶性）循环将继续下去。为了打破这种模式，艾伦尝试并随后启动了"透明机会项目"（Transparency Opportunity Program，TOP），该项目在航天中心内部发布了所有非正式的机会（员工创造的"TOP机会"）。在这个项目下，所有可能被忽视，但渴望并随时准备贡献的人，都会有机会做志愿者。制定该制度的目的是确保航天中心的每个人都知道现有的机会，并鼓励女性和少数族裔抓住这些机会。

然后，艾伦又更进了一步。这一步对于改变一种文化是至关重要的：她实施了高层管理人员的绩效评估。展望未来，管理者的评估将在一定程度上与他们促进这种文化变革和在团队内部更公平地分配资源的能力挂钩。艾伦的策略得到了回报。她离开航天中心时，机会在员工之间的分配已经变得更加公平了。当时，在约翰逊航天中心工作的凡妮莎·怀奇（Vanessa Wyche）在艾伦离开一年后成为该中心的副主任。她回忆说："艾伦不仅仅是自己走上了领导岗位，还带上了其他人。这是一份持久的遗产。如果不是艾伦·奥乔亚让我有了这样的知名度和被选中的机会，我就不会坐到今天的位置上。她这样做不仅是为了我，也是为了我们中的许多女性和少数族裔。她帮助重新分配和分享了权力。"

艾伦为组织的进步感到自豪，但正如她告诉我们的："这项工作不是为了达到某种目的。这需要持续保持警惕、发挥创造力，并不断地承诺。"虽然权力共享的道路仍然漫长而曲折，但我们现在已经有了推动这一转变的路线图。正如社会心理学家和多元化学者罗伯特·利文斯顿（Robert Livingston）所说："组织面临的真正挑战不是要弄清楚'我们能做什么'，而是'我们愿意做吗'。"

一旦在组织中实现了更公平的权力分配，我们面临的挑战就是追究那些有权的人的责任。关于权力及其对人类心理的影响，我们所了解的一切都清楚地表明，不管掌权者的人群特征和个人愿望是什么，他们都需要被问责。没有人对"傲慢和自我关注"免疫——就连我们在第 2 章中遇到的大屠杀幸存者米莉安也不例外，她仅体验了一天的权力之后，就有了自我优越感，开始疏远"小人物"。这让她感到震惊。希望未来的领导人会比今天更加多元化，但我们仍将面临权力滥用的风险，除非每个掌权的人都会被追究责任。

完善企业问责机制：监督谁，为了什么？

每当我们把权力托付给别人，让他们代表我们做决定和采取行动时，我们就是冒着风险的，因为他们会用这种权力来对付我们。为什么？因为决策者（代理人）优先考虑的事情可能与我们（委托人）优先考虑的事情背道而驰。这就是经济学家所说的委托代理问题。在一个公司里，企业管理层和股东之间的关系就是典型的例子：当一个公司的所有者把经营业务委托给首席执行官和其他高管时，他们就把权力交给了这些高管，同时也触发了监督和问责制的必要性。这是因为每个高管都是骗子吗？并非如此。只是，就像每一个掌权者一样，他们很容易陶醉于有权力的感觉，完全依靠自我克制来行使权力是不行的。

早在 1363 年，羊毛商人就聚集在一起，组建了英国最早的贸易公司之一。他们当时就意识到了这个问题，并开发了一套治理结构来监督权力持有者机制。他们选举了一位"主角"（相当于今天的首席执行官）负责管理事务。为了制衡这一角色，他们成立了一个由 24 名成员组成的理事会来管理公司——这一特点在其他组织中再次出现，包括英格兰银行。后者更进一步，禁止三分之一的董事在一年任期后寻求连任。

这些理事会就是现代企业董事会的前身。这种制度能够在公司高管与代表股东利益、负责监督公司活动和监督高管的董事会成员之间进行权力分配。董事会被认为是最关键的监督机构之一，但并非所有组织都有一个活跃的董事会。此外，尽管董事会有着悠久的历史，但它们行使监督的能力和意愿在不同组织中存在着很大差异。

研究董事会的专家指出，董事会在充分监督管理层行动方面存在着诸多障碍。这些障碍包括公司面临的问题的复杂性，以及一些董事会成员不愿违背最高管理层的意愿等。另外，如果董事会成员们一年只聚几次，作为一个团队，想有效地工作就会变得困难。也许最重要的是，由于董事会成员们通常都有许多其他的任务，他们可能既没有精力也没有动力去仔细研究他们的业务。

其中一些障碍可以通过改变董事会成员聘请方式来解决。直到最近，大多数董事成员的搜寻都是在企业精英的核心圈子内进行的。这导致董事会成员之间会通过直接或间接的渠道相互联系，并与管理层联系在一起。这些联系链条如此强烈，以至于在 2001 年 1 月，一种病毒感染了摩根大通集团（J.P. Morgan Chase）的董事会成员。到了 5 月，它通过各个企业的月度董事会会议传播到超过 80% 的《财富》杂志榜单上的 1000 强公司！

这个问题为什么如此严重？因为紧密的联系会导致监管松懈，就像一系列公司的丑闻凸显的那样，安然公司（Enron）就是典型的例子。与此同时，聘请方式也在发生变化，同时担任多个董事会的董事就变得不那么可取了。这是因为他们没有那么多时间投入自己服务的每个机构中，而且每个机构也不太可能完全独立。

即使董事在履行监督职责，他们也主要是代表投资于公司的股东。然而，企业还有其他的利益相关者。他们依赖于企业活动，并直接受到企业活动的影响——包括员工、客户、供应商，更广泛地说，包括公众，但他们大多对公司的发展方向并没有发言权。因此，在过去的几十年里，许多公司都以只追求股东利益最大化为特征，就不足为奇了。

这种权力集中在股东和高管手中的明显表象是，高管和工人之间的收入差距正在拉大。美国公司最高工资与最低工资的平均比率，已经从1965年的20：1上升到2019年的320：1。同样，1978至2018年，美国首席执行官的薪酬增长了940%，而工人的薪酬只增长了12%。正如我们在第3章中所讨论的那样，除了日益加剧的不平等，这种权力不平衡还造成了巨大的环境危害。因为一些石化燃料行业的领导者为了不受约束地追求利润，故意掩盖了公司活动对环境造成的破坏。与此同时，一些大公司变得比整个国家都富有。它们利用自己的权力塑造公众舆论、游说政府，以保持自己的优势地位。

在这样的情况下，全社会并没有被动接受——在过去的几十年里，世界各地的活动人士联合起来反对企业的贪婪，并提醒公众警惕资本失控的危险。环保人士和政府说客之间关于环境的战斗交锋、几代人全员参加的动员活动，已经开始产生效果。企业的内部员工也一直在推动变革，我们在第7章里看到，内部组织敦促高管不能只关注股东利益最大化，也要对公司的社会责任和环境的影响负责。

面对越来越大的压力，许多企业领导人都表达了为股东以外的利益相关者服务的愿望。2019 年 8 月，由美国多数大公司首席执行官组成的"商业圆桌会议"（Business Roundtable）发表了一份声明，抵制股东至上的观点，支持为员工和包括客户在内的利益相关者乃至整个社会创造价值。但说到对这些组织的问责行动，至少在一年之后，情况并没有发生太大的变化。一项研究显示，当新型冠状病毒在 2020 年春天开始传播时，签署"商业圆桌会议"声明的公司解雇员工的数量比未签署声明的公司还要多 20%。他们也不太可能为抗疫工作捐款，不愿为顾客提供折扣，或将生产转移到与疫情有关的产品。这并不奇怪，如果我们让当权者去改变，他们可能会改变自己的言谈，但很少会改变自己的行动。

好消息是，让企业不仅对其财务业绩负责，还要对社会和环境影响负责的新结构和制度，使真正的变革成为可能。2011 年，吉恩·罗杰斯创建的"可持续会计准则委员会"就是一个很好的例子，第 6 章讲过她的故事。像 SASB 这样的标准制定组织所创建的度量标准本身并不足以推动变革，但后继补充者也开始对推动新的企业法律形式产生助益。比如福利型公司，在美国被称为"社会利益公司"，在英国叫"社区福利公司"，在法国叫"社会任务公司"，它们为推动企业接受的三项底线（社会、环境和金融）、推动企业董事会接受多任务责任问责铺平了道路。围绕公司的基础设施，外部审计人员、财务分析师和投资者也开始转变他们的思维方式。因为越来越多的有影响力的投资者在寻找公司、组织和基金时，除了财务回报外，还会考虑投资目标的社会责任和环境保护目标。

然而，即使有了新的问责制，如果董事会中的代表只有股东，那么权力的集中还是难以避免。投资金融资本的人（股东）和投资劳动和智力的人（工人）之间这种过度的权力不平衡是有问题的，不仅仅因为这不公平，还因为它让股东的权力不受约束。在一份有挑战意味的声明中，哲学家伊丽莎白·安德森（Elizabeth Anderson）提出，"美国的大多数工人在工作中受到了独裁统治"，因为他们在工作场所的管理中没有代表权。在经济衰退时，解雇员工而不是降低管理层的工资以维持生计，或者在病毒大流行期间提供带薪病假，这些都不是员工能决定的。在大多数公司，董事会和高级管理层仍然决定所有的战略决策。

幸运的是，有一个简单的解决办法：给员工更多的权力。

家里有两个刚学会走路的孩子，每周还要花六天时间在城市里穿梭数小时打扫房间，这让桑德拉·洛佩兹（Sandra Lopez）痛苦不堪。即使工作花的时间比预期的长，也没有额外加班费。当客户像他们经常做的那样，主动要求她提供额外的服务时，比如清洁窗户或吊扇，重新谈判价格往往是令人不快的。而且，桑德拉的英语水平有限，这对她而言太难了。

这些工作条件代表了今天和历史上大多数家政工人的现实情况。全世界约有6700万名家庭用工（占女性用工的25%）几乎不为人知地从事着家务劳动，其中许多人都是非正式经济活动的一部分，她们在人们家中照顾孩子、打扫房间和照顾老人。这是一项私下进行且不受管制的工作。在美国，家政工人和农场工人是被排除在新政工人保护法之外的两类人。正如美国"全国家政工人联盟"（National Domestic Workers Alliance）社会创新主任帕拉克·沙阿（Palak Shah）告诉我们的那样："这些劳动力市场，几代人以来一直是非官方的、无形的、地下的。在很长一段时间里，家政工人没有受到保护。"因此，对他们来说，关于雇主权力和责任的问题既关键又具有挑战性，因为他们工作的私密性质会模糊职业关系和个人关系之间的界限。这还引发了一个更广泛的问题：雇主对员工的权力存在什么限制（如果有的话）？

对于许多工人来说，对这个问题的回答是明确的：集体行动。在争取工人保护，包括成立工会的权力斗争中，法律发挥了关键作用。正如我们在第5章中看到的，工会在将工人们聚集在一起，倡导法律改革，在平衡他们与雇主之间的权力关系方面发挥了关键作用。然而，双方的关系经常出现两极分化。批评人士抱怨说，法律保护了低效的工人，压制了个人的声音，提出了不顾商业需求的不合理要求，引发了成本高昂的诉讼和仲裁，还容易滋生腐败。虽然这种现象的确存在，但事实证明，工会对工业化社会的繁荣至关重要。参加工会的工人比不参加工会的工人有更好的福利和工资。他们的收益也改善了非工会工人的条件，因为他们给雇用条款设定了标准。这些福利让员工在公司创造的繁荣中获得更大收益份额，而不会导致生产率降低。

在20世纪中期，美国的工会化率达到了历史最高水平。工会推动将利润增长转向工资增长，从而从整体上减弱了不平等现象。但是，当工会失去权力——就像美国自20世纪下半叶以来的情况那样，或者当工人面临成立工会的法律障碍时，权力的不平衡就会使工人的权利受到损害，进而阻碍经济的增长。

家政工人要采取集体行动尤其具有挑战性，因为他们没有共同的工作场所。但正如"全国家政工人联盟"联合创始人蒲爱仁（Ai-Jen Poo）告诉我们的那样，困难并不意味着不可能。2003年，她参与组织了一场抗议运动，来自纽约市各地的250名家政工人举行了聚会，发起了行动，为他们高度分散和孤立的劳动争取基本权利。经过六年废寝忘食的努力，并通过把各地的家政工人用大巴车运送到州议会大厦进行抗议和游说，运动的组织者终于取得了一个突破：纽约成为第一个签署家政工人权利法案的州，赋予他们加班工资、带薪假期、免受骚扰、有遣散费等权利。法律还不完善，司法打击违法雇主仍然是一个障碍，但它改变了像桑德拉这样的家政工人日常面对的权力状况，这是集体行动重要性的又一证明。

在今天的零工经济中，缺乏防止权力滥用的保护性法律对许多从事这类工作的员工造成了影响。以拼车司机和外卖送餐员为例，正如我们之前写到的那样，他们在许多国家都算不上"雇员"。尽管与这些所谓的"自营承包商"合作的公司如果没有他们将无法经营，但与他们合作的公司可以单方面控制他们的工作条件。因此，对于骑车穿越繁忙城市的外卖送餐员、从事汽车维护的工人，他们的健康和财务风险全落在了自己身上，而（高价出售股票）带来的收益都归了公司的所有者。

然而，即使对零工和非正式经济中的工人有了更好的法律保护，真正的权力分享也需要重新设计和组织。让我们回到桑德拉·洛佩兹的话题。她的工作条件发生了重大的变化：她现在使用一款名为"Up & Go"的应用程序，该程序将她与全市各地的客户进行配对。你可能会认为，"Up & Go"就像优步（Uber）或 DoorDash 这类软件一样，对桑德拉有着巨大的影响力，因为它控制着对她的关键资源，即她的客户的触达。

但在这种情况下，力量的平衡其实正相反，因为桑德拉不仅是平台的用户，还是平台的所有者。2018 年，她在布鲁克林社区看到了家庭生活中心（Center for Family Life）发来的一份传单，该中心正在孵化一个家庭清洁合作社项目。对桑德拉而言，当老板和公司创始人听起来很棒。她满怀热情地开始了这个为期一年的项目，在晚上和周末与其他 17 名女性一起工作。她们中的大多数和她一样，都是来自墨西哥或中美洲的移民。

合作社通过其所有权的分配，给予工人对组织发展方向的真正发言权。在桑德拉的合作社中，妇女们投票决定提供什么类型的服务和收费标准。这使她的收入翻倍，并允许她缩短工作时间，留出更多的时间来陪伴孩子。"人们倾向于认为最大的好处是能赚更多的钱。但对我来说，最大的好处是它的灵活性和与家人在一起的时间增多了。我们工作很努力，但我们往往会忘记生活质量有多么重要。"她告诉我们。

合作社的设立是为了满足家政工人和业主双方的需要。例如，合作社的电话或应用程序内的客户服务支持即时通信和洽谈。这些服务是双语的，可以用西班牙语传递关键信息。客户通过该应用程序预订服务，所以在家政工人抵达时，客户对服务是有明确预期的。合作社对家政工人和合作社所有者进行了关于《纽约家政工人权利法案》的培训。"通过团结起来，我们创造了一个支持我们所有人的组织结构。合作社保护着我们，为我们的利益而战。独自一人奋斗的时候，我从来没有拥有过这样的力量。"相比之下，2019年优步准备上市时，它降低了司机的薪酬，使其股票更具吸引力。同时，在桑德拉的合作社里，所有的利润除了再投入组织建设本身的部分，都直接归桑德拉和她的联合创始人所有。他们控制着宝贵的资源，于是他们拥有了权力。

桑德拉和我们分享了她的故事。很明显，这段经历改变了她："在成为合作社的主人之前，我非常害羞。我不敢在别人面前说话，也不敢为自己说话，真的。但当我通过这个项目了解到很多关于我的权利后，在合作的过程中，我感到我的自信开始逐渐绽放。我觉得我知道自己在说什么，我了解自己所从事的工作和它的价值。这种自信也影响了我的个人生活。"

合作社既不是新出现的，也不是家政服务业务中所特有的。例如，美国有2000万个家庭、工作场所和学校使用能源合作社提供的电力，这使电力的价格与用户的利益保持一致。治理结构上的这些差异并非无关紧要，它们定义了在工作场所中谁控制着什么。经济社会学家朱丽叶·斯格尔（Juliet B. Schor）提出了一个令人信服的理由，主张通过合作社和监管改革来限制平台的活动，以便让零工经济产生的价值能够更加公平地分享。这又可以归结为权力分享和问责制所带来的结果。

但合作社以外的工作场所仍然等级森严，虽然不是全部，但这些工作环境对大多数工人并不负责任。德国、荷兰和一些北欧国家已经引入共同决定法，保障工人在董事会中的代表权，这为高层管理人员、股东和工人提供了一个围绕公司方向开展谈判和合作的空间。然而，即使有共同决定的机制，股东往往也有打破平局的投票权，这意味着工人的投票决定权不能超过股东。这就是为什么社会科学家伊莎贝尔·费雷拉斯（Isabelle Ferreras）建议进一步给予股东代表和工人真正的决策权。这种相互依赖将迫使他们一起工作以及决定他们公司的未来。

还有一种效果有待观察的共同决策方法，就是建立两个议事机构（每个机构由自己的代表组成），或者允许现有员工代表加入董事会，并给予员工代表与其他非员工代表同样的决策权。最重要的是，员工的利益要被代表，所有各方相互辩论，做出更明智的战略决策。员工对公司的最终决定要有影响权，尤其是那些会对他们造成直接影响的决定。如果公司没有实现这种民主化，员工将永远不会在公司有真正的发言权。

仅仅是道义上的原因，就足以说明这种权力再平衡的必要性。但关键是，我们的研究表明，决策过程更民主的组织通常更有能力追求除财务目标外的社会责任和环境保护目标。这样的组织允许股东、高管和员工发表自己的意见，从而实现观点的多样性，这有助于确保公司不会只关注单一目标而损害其他。因此，当我们开始要求企业达到更严格的社会责任和环境保护标准时，我们可以向那些已经为民主决策创造空间的企业（如合作社）寻求指导。这应该不足为奇：民主确保了更均衡的权力分配，使人们能够追求更多样化的目标，而不是专注于一小部分人的狭隘利益。这在组织和社会中都是现实情况。

社会权力分享：我们都有责任对权贵问责

梭伦（Solon）和克利斯提尼（Cleisthenes）都出生于2500多年前的雅典，他们以创新改革而闻名。这些改革带来了民主，象征着"人民的统治"。为了防止腐败和暴政，这些改革引入了一套制衡体系，最终将权力分为三个主要政治机构：议会、为议会制定议程的人民委员会，以及人民法院。这些民主改革持续了一个多世纪，直到雅典像大多数希腊城邦一样，在公元前4世纪被马其顿统治。

1748年，随着孟德斯鸠（Montesquieu）的《论法的精神》（*The Spirit of the Laws*）的出版，政府的权力分立再次成为主流。在他看来，避免专制的关键是将权力分配给三个不同的政府机构：立法、行政和司法。所有这些机构都受到法治的约束。因为"自古以来的经验告诉我们，每个拥有权力的人都容易滥用权力"。他写道："从事物的本质来看，权力应该是对权的制约。"他的观点对那些几十年后撰写美国宪法的人产生了深远的影响。美国宪法确立了国会、总统和最高法院的独立权力。这种权力分立仍然是现代民主制度的核心——这种分立至关重要,因为它总是容易受到侵蚀和彻底消亡的影响,正如世界各地从民主到专制的转变所证明的那样。

在雅典,任何男性公民都可以加入议会(行使我们今天认为的立法权)。与此不同的是,美国的开国元勋们选择将立法责任委托给选举产生的代表,这些代表只在有限的时间内任职。随着各国向代议制民主的转向,代议制民主几乎已成为现代民主的同义词,而关键的问题是我们选择谁来代表我们。虽然我们可能都经历过这样的情况:我们不支持的候选人当选了,但我们接受他们当选后做出的投票决定。这是我们作为公民的义务,只要他们确保尊重规则,在宪法规定的时间内下台。

尽管这些制度设计可能很复杂,但它们还是无法提供足够的保护,无法完全防止权力滥用。将权力分离和任期限制写入一个国家的宪法并不能完全阻止专制制度的缓慢发展:2019年是全球民主连续第13年倒退。在各个社会和时代,通过破坏权力制约体系来腐蚀民主的过程都有据可查。正如历史学家蒂莫西·斯奈德(Timothy Snyder)提醒我们的:"错误在于我们假设了通过制度获得权力的统治者,是无法改变或者摧毁这些制度的。"但实际上,他们可以。

通常,摧毁民主的不是一场突然的暴力政变,而是对权利和自由缓慢而稳定的侵蚀,让公众习惯于接受它们的丧失。这种情况正是托佩·奥冈迪佩(Tope Ogundipe)在为"范式"(Paradigm)工作时所抵制的,"范式"是一个数字网络权利前沿的泛非组织。作为首席运营官,她的任务是保护尼日利亚人的网络自由。她向我们解释说,维护这些权利需要时刻保持警惕，这使她懂得了公民参与的重要性。

2015年12月，尼日利亚参议员巴拉·伊本·纳安拉（Bala Ibn Na'Allah）提出了一项限制网络言论自由的新法律。如果通过，该法律规定，只要政府认定信息虚假，就可以禁止任何团体（包括所有政府机构）发布的任何帖子。该法律将适用于推特和脸书等公共网站，以及WhatsApp等私人通信平台。违反该法律的惩罚将是两年监禁或200万尼日利亚格诺（当时约为1万美元）的罚款。在这条法律下，人们把自己的观点以短信的形式发给朋友，也可能会被判入狱或倾家荡产。

托佩·奥冈迪佩非常愤怒，她迅速召集了当地和国际的合作伙伴组成的团队：他们的首要任务是揭露围绕该法案的程序，并向公众公布信息，这样法案就不会像参议院希望的那样被秘密通过。托佩自己也接触了她一直合作的数字网络司法组织，比如自由之家、网络基金会和国际笔会等。他们一起起草了一封致尼日利亚参议院的正式信函，谴责该法案是"对言论自由的危险侵犯"，并要求取消该法案。与此同时，他们发起了一项以"抵制社交媒体法案"（#No To Social Media Bill）为标签的在线活动，托佩也向传统媒体机构"伸出了手"。要想把你的信息传达出去，没有什么比在尼日利亚旧都拉各斯的黄金时段的广播节目上进行播出更有效的了。在当地，广播仍然在交通高峰时刻"轰炸"着数百万人乘坐的汽车。

然后，托佩和这些互联网组织决定把活动移到线下。他们通过电话、WhatsApp对话和上门拜访来联系会员。他们参加社区活动，并采取一切必要手段，将公民从转发推文的姿态转移到更危险却必要的街头抗议行动。为什么托佩会引领这场运动从线上转变为面对面的线下行动？因为她知道参议员们想维持尼日利亚街头的和平,他们担心抗议者会提出比社交媒体法案更多的问题,从而引发进一步的政治不稳定。她是对的。2016年5月17日,由于抗议者在参议院门外高喊口号,尼日利亚参议院否决了该法案。托佩和她的团队成功唤醒了公民的警惕性,阻止了尼日利亚政府从公众手中夺走权力。

在现代民主中,公共问责制这个谜题的关键部分取决于我们每个人。公民警惕性使公民能够在定期的选举投票之外追究当权者的责任。因此,除了投票之外,我们在行使对抗权力和促进审议文化方面还可以发挥关键作用。没有这种文化,民主就无法持续。

正如托佩的故事所展现的那样,媒体是提高公民警惕性重要的工具。在最好的情况下,它会通过揭示、教育和挑战,让公民了解周围的世界,审视当权者。在最糟糕的情况下,它努力去娱乐大众,而不是去点燃或煽动偏见、恐惧和仇恨的火焰,成为专制领导人的绝佳宣传工具。

这尤其令人不安,正如哲学家和活动人士科内尔·韦斯特(Cornel West)所说:"民主在很大程度上取决于领导人是否有心向自由和坦率的媒体,向公众讲述我们社会的痛苦真相,包括他们自己的在肤浅和简单掩饰下的苦难。"媒体有助于形成关于权力基础的关键问题的答案,即"我们重视什么"。媒体在推动民众辩论中扮演着特殊的角色,在理想的情况下,它们表达了人民的意愿——或者说是多元化的意愿。

在世界各地为人权而战的记者,如也门活动家、诺贝尔奖获得者塔瓦库·卡曼(Tawakkol Karman),就深切地意识到言论自由的重要性。正如她告诉我们的:"没有言论自由就没有民主,(但)不仅仅是新闻自由,因为人们认为有发表言论的权利就是言论自由。不是这样的。新闻自由不止这些，言论自由权包括很多方面。"但让公民参与社会公共管理不是一夜之间就能实现的，它必须被引导、培养，并代代相传。

贯穿我们终身发展的能力：学习与思考

我们保持公民警惕性的能力依赖于政治学家丹妮尔·艾伦（Danielle Allen）所说的"参与意愿"（participatory readiness），这是实现真正政治平等的先决条件。如果公民不能理解民主的运作，"人民"就不能真正进行统治。教育是理解和运用权力的基础。

然而，并非任何形式的教育都能让公民具备民主参与所需要的知识和批判精神。意大利政治理论家安东尼奥·葛兰西（Antonio Gramsci）强调，传统教育机构和教育体系往往通过排他的实践和叙事，使权力等级制度永存不灭，从而使霸权稳固存在。葛兰西认为，我们需要一种教育，能够让每个孩子——不仅仅是那些足够幸运地属于"正确的"社会阶层的孩子，都得到一种形成性的体验，把他们培养成"有能力思考、学习和统治——或控制那些统治者的人"。

这样的教育体系已经被证明是可行的，它能把个人培养成独立思考的公民，能自信、建设性地提出异议，具有心理上的成熟性，并对新的和不同的想法持开放态度。丹麦未来主义者和哲学家琳·蕾切尔·安徒生（Lene Rachel Andersen）以及瑞典社会理论家和企业家托马斯·波杰克曼（Tomas Björkman）对一场教育革命进行了引人入胜的描述。这场革命将斯堪的纳维亚社会从 19 世纪中期的赤贫封建农业国家和平转变为 20 世纪初繁荣的工业化国家。

这种转变的根源就是教育，这是一种受启蒙启发的教育概念。它超越了单纯的培训和技能习得，包括一个人的文化和精神情感、社会和生活技能以及智力深度和广度的终身发展。其结果是造就了有思考能力的自主的公民，他们能够自我反省、进行批判性分析，并具有一种超越自身的，对家庭、邻居、同胞、社会、人类和地球的不断扩大的责任感。教育是一种道德和情感的成长，它与我们在第 2 章中概述的通往权力的发展道路相呼应。

19 世纪 50 年代中期，转向民间教育的斯堪的纳维亚国家旨在为人们提供这样一个全面的教育体系——包括农村的农民，后来是城市里的工人——这些人几乎没有接受过任何形式的教育。民间教育的理念是给最贫穷和受教育程度最低的人时间，而不仅仅是发展更强的写作和阅读技能，同时也包含了培养雄心勃勃的意识，而这些曾经是超出他们能力的。这些民间高中的学生学习了最新的农业技术，以及他们国家的宪法和立法、历史、遗产、经济和政府制度。

他们在培养人们民主能力、道德品质和文化意识的同时，也培养了人们对技术技能的掌握，结果出现的是一个高度信任的社会。人们参与创造他们共同的未来，在那里，分歧是受欢迎的。工人和合作运动发展起来了，社区会议、公共图书馆、体育协会和启蒙运动期刊——其中一本以"知识就是力量"为口号，普及了科学、诗歌、文学和政治。在志愿者组织和协会中，这种公民、公众参与的形式一直延续到了今天。

正如斯堪的纳维亚国家的经验所证明的那样，民间教育并非是乌托邦式的，而是可以实现的。这种教育基础允许公民对信息来源进行解释和评论，这是健康民主的基础。我们可能不会都同意（事实上，我们也很少这样做），但最好的情况是，民主汇聚了我们不同的意见、观点和优先事项，让我们集体的智慧浮出水面，让我们辩论和争论的结果比我们个人想法的总和要"更聪明"。

然而，维持这样一种文化是具有挑战性的，因为民主参与造成的压力是持续存在的。有害的两极分化的风险也一直存在，当公民群体失去对彼此的尊重时会更甚。即使是斯堪的纳维亚的教育故事，在历经了几十年的进步之后，也产生了裂痕。安徒生和波杰克曼清晰地描述了在世纪之交，北欧国家的学校课程是如何开始重新关注传统技能的，但是北欧国家强调商业价值，而牺牲了道德发展、历史、文化、美学和强大的民主之间的联系。当我们停止教育培训时，生长就会停止，甚至倒退。但是，斯堪的纳维亚的经验告诉我们，如果我们投入思想和资源，一个公民有自我意识的社会是可以发展起来的。

让权力回归到普通民众手中

雅典时代的民主制度既不包括妇女，也不包括奴隶。《独立宣言》倡导的不言而喻的真理"人人生而平等"在雅典时代并不适用于妇女、被奴役的非洲人或土著人。《独立宣言》发表数年之后，在大西洋的另一边，法国大革命也将妇女排除在《人权与公民宣言》(*The Declaration of the Rights of*

Man and the Citizen）之外。时至今日，民主仍未兑现其承诺，两大关乎生死存亡的威胁可能正在加剧世界各地民主国家的权力失衡。

第一种是财富的集中。它并非一种新的威胁，而是贯穿人类历史、哲学家们始终警告的。法国哲学家卢梭（Rousseau）道出了很多人的观点，他说："关于财富，不要让任何一个公民富裕到可以购买他人的财富，也不要让任何一个公民贫穷到被迫出售自己的财富。"尽管几个世纪以来，财富的集中程度有所不同，但过去几十年的新自由资本主义让少数富人对选举产生了权力，他们所做的决定也拥有巨大的影响力。研究发现，某个公民捐的钱越多，他们的"声音"就越大。这种情况在美国尤其严重，美国法院将政治捐款作为言论自由的一种形式加以辩护，甚至将这一权利扩展到公司。与其说"一人一票"，不如说"一美元一票"的民主正在兴起。

为政党提供资金和为竞选捐款的行为，只是富人将自己的意愿强加于民主机构和改变游戏规则的两种途径罢了。一些人还资助了数百万美元的游说活动，促使有利于他们利益的法律得以通过。一些人利用数字技术的监管真空，以牺牲公民隐私为代价积累了无与伦比的财富。还有一些人利用全球化和缺乏国际财政法律的现状，将资金隐藏在海外账户中，从而避免他们应缴的税款。当只有少数人能够控制最有价值的资源时，他们就可以利用自己的权力来影响任何政治体系，为自己的利益服务。没有作为公民平等参与的能力，意味着我们放弃了自己的权力，放弃了决定我们共同未来的可能性，也就会屈服于那些比我们更有权势的人的意志。

第二种对民主的威胁来自数字技术。正如我们在前一章探讨的那样，信息控制的不对称从多方面削弱了公民行使公民监督的能力。首先，加强监控可以压制抗议和异议，托佩等活动人士对此非常清楚。至于为盈利而设计的平台算法，它们会向那些最容易参与其中的人传播有争议的煽动性内容——这些内容通常是有明显错误的，其中大部分是机器人的"杰作"。由算法诱导，决定我们看到什么信息、听到什么意见的社交媒体，也可能放大了政治的两极分化，同时传播虚假信息和假新闻。如今的数字公共领域缺乏监管和新生力量，充满敌意且受利益驱使，其民主特性严重不足。

虽然并没有应对这些威胁的简单药方，但有一个因素是明确的：尽管商业世界和全球经济在过去半个世纪里发生了巨大变化，但我们的民主体制尚未跟上。我们需要创新，让权力回到普通公民的手中。努力确保每个人都有资格投票、能够投票、愿意投票是解决这个难题的关键，但是我们常常陷入把民主与投票联系在一起的陷阱。而实际上，这需要一个更加雄心勃勃的政治计划。今天的利害关系是确保所有公民——而不仅仅是其中的一个子群体，都积极参与设计和完善游戏规则。这就是"黑人选民基金"（Black Voters Matter Fund）的创始人拉托莎·布朗（LaTosha Brown）创建这个机构的原因——为社群提供扩大其自身政治影响的工具。

"我们与社群成员会面，总是从倾听开始。我们想知道他们真正关心的问题是什么，而不仅仅是他们在新闻上听到的东西——那些对他们产生影响的东西。"一旦拉托莎和她的团队确定了这些关键问题，他们就可以绘制出这个领域的地图，以确定关键的参与者和推动改变的杠杆。他们从小事做起，比如在学校董事会赢得一个席位，或者在社区安装减速带。这些小小的胜利为一系列其他行动奠定了基础，这些行动提高了社区的行动能力和公民的组织能力。"我们所做的很大一部分工作是让人们体会到自己的权力感。这不仅仅是个结果，还是与人的代表性相关的，建立人与人之间的联系。"通过这项工作,建立人与人之间的联系来激发集体行动,有助于加强民主的力量,而民主的力量迫切需要锻炼。

旨在将权力转移到普通人手中的参与式民主倡议也在世界各地出现。法国、加拿大和爱尔兰等国利用几乎随机选择的公民代表团体来讨论有争议的问题,比如堕胎和气候变化问题。

解决权力过度集中的方法很明确:权力分享和问责制。无论是在一个组织中还是在整个社会中,如果不能分享权力和追究权贵的责任,就会给权力滥用和暴政打开大门。应对这一失败的唯一办法是我们所有人都要认识到,控制权力是我们的集体责任。要做到这一点,我们首先需要了解权力及其运作方式。这就是为什么权力的基础如此重要。

我们还需要使用我们的集体力量来维护、改善、确保组织和社会的权力分享和问责制度。为了让这种集体力量繁荣发展,我们还需要明智地选择领导人,并寻找那些一心将社会资源投入社会发展(无论是城市还是乡村)的人,他们能使所有人(无论是富人还是穷人)都成为拥有自由思想、具有公民意识的社会成员。只有这样,我们才有道德品质和民主能力来行使我们的公民权利。当政客或商业大亨破坏我们的民主制度时,我们将识破蛊惑和宣传,认识到威胁,进行反击,在日常生活中保护我们的个人权利和自由。

结　论

每个人都可以是权力的拥有者

　　想象世界是一张白纸，你们被选中去分配社会的权利和权力。你会加入这个新的社会，但你不知道你会成为谁。选中你不是因为你的社会地位或天赋，也不是因为你的性别、种族和国籍。你在所谓的"无知之幕"后面。"你可以是一个农民、一个医生，或者一个失业者；年轻或年老；富裕或贫穷；男性、女性，或中性；受过高等教育或没有；残疾或健全。你会设计民主还是独裁？是向全民提供保健服务，还是限制那些有能力支付的人获得这种服务？是保证每个孩子都能接受高质量的教育，还是把许多孩子排斥在外？"这个由政治哲学家约翰·罗尔斯（John Rawls）提出的思想实验，提出了关于权力的公平分配的批判性问题。这个实验迫使我们透过无知的面纱，考虑每个人的福祉和机会，而不受我们自身社会地位的偏见所左右——这就是为什么罗尔斯相信它会带来一个更公平的社会。[1]

　　千百年来，哲学家们一直在争论什么才是权力的公平分配，许多人倾向于认为这个问题属于哲学的研究范围。[2]事实上，恰恰相反——权力的分配影响着我们每一个人。在特定的情况下，我们总有办法改变权力的分配。正如我们已经向你展示的，这可以归结为权力的基本原则：如果你能弄清楚对方需要的是什么，并找到方法让他们获得这些宝贵的资源，你就能改变权力的平衡。我们如何选择在家庭、工作场所和社会中使用这一知识，取决于我们个人和集体。

如何建立属于你自己的权力

在你建立自己的权力之前，你需要了解目前谁拥有它，以及为什么拥有它。然后评估这些动态，并且在你的能力范围内更准确地绘制出权力地图。你可以观察你想影响的环境，每个人都需要安全感和自尊，因此也可以了解你周围的人是如何用不同的方式满足这些需求的，可预见的方式有：通过物质积累的财富和地位，或者通过心理感受的成就，被爱和归属感，自主权，以及道德。你也可以征求他人的意见：向你的人际网络提出问题，以更好地理解你周围的环境中什么是有价值的，然后扩展你的人际网络，包括那些能给你提供不同观点的人，以及那些控制这些有价值资源的人。

一旦你的权力地图做到了足够清晰，你就可以决定用四种策略中的哪一种来改变权力平衡：吸引，给对方提供他们认为有价值的资源；撤回，减少你对对方提供的东西的兴趣；联合，减少对方对你的选择；扩张，增加你对对方的选择。

你也要掌控自己与权力的关系。你需要采取行动来绘制权力地图,这与使用策略对权力进行再平衡是一样的。无论你是想用权力来追求什么,权力本身并不肮脏,滥用权力的可能性存在于我们每个人身上。这取决于我们想用权力做什么,以及我们如何获得和使用权力。你决定是否开始一段通往同理心和谦逊心的发展之旅,是否要好好运用——而不是滥用——你通过掌握权力的基本原理和绘制人际关系地图而获得的权力。

通过你所积累的工作和生活经验、你读过的书和使用的媒体、自我反省等,你可以看到世界的相互依赖关系网络。我们的权力是别人的依赖,我们的行动结果会超出我们当前所在的环境范围。我们可以聚在一起,但没有人会永远在一起。这种认识给了你无懈可击的标准,来评估谁应该被赋予权力:不是那些通过展现权力给你安全感和自尊的幻觉,而是那些表现出同理心和谦逊心,以及追求更高目标的能力和承诺的人。如果你要做选择,这些就是你的执行标准。

你不能靠自己来建立这种权力体系,你要通过集体行动来建立。事实上,我们所有人,作为一个集体,在决定未来的权力分配方面都有发言权和责任。这不仅是因为我们可以联合起来推动、创新和协调变革,还因为权力的分配最终取决于我们选择珍视什么,以及我们决定如何控制这些有价值的资源。这些集体选择将保护和加强我们的自由和权利,也可能危及它们。

获取有价值的资源，在权力分配中占据主动

在人类历史的大部分时间里，我们都是直接与那些用辛勤劳动生产出我们所需要的产品的人互动的。但随着工业化的兴起，经济的发展，我们的角色发生了改变，人与人之间的交往从主要以关系和互惠为基础，转变为日益疏远和以物质利益为动力。[3]当"市场"来到我们中间时，我们学会了少考虑工匠或工厂工人的家庭和经济状况，而更多地考虑和分析自己的成本和效益。新自由主义的自我价值观主要关注积累金钱的能力，而剥夺了大量人——工人阶级、移民、少数种族、残障人士等的权利。[4]

事情不必非得这样。研究表明，在一个以"我们拥有什么"而不是"我们是什么样的人"来评价我们的社会中，当我们感觉自己是赢家或输家时，我们的幸福感就会受到影响。[5]在我们人类追求自尊的过程中，我们因自身的多个方面而不是单一方面而受到重视时，我们最容易感到满足。[6]然而，当经济语言和各种假设渗透到我们的日常生活中时，我们衡量自我价值的基础就变成了自立程度、经济成功程度，以及我们在竞争中的表现。[7]

我们这个时代所需要的是一种重大的文化转变——一种认识到除了财务成功之外其他方面也很重要的转变。这不仅体现在我们如何进行自我价值的评估，也体现在我们如何评估公司和机构的行为上。[8]好消息是，年轻一代渴望发生这种转变。我们在世界各地合作的许多年轻人不仅关心赚钱，还关心且想帮助解决他们社区中紧迫的社会和环境问题。然而，那些采取了这样行动的人（本书中提到的一些人）往往得不到尊重（更不用说

他们的收入），因为他们的利他主义只有在一个不那么唯利主义的文化背景下才能赢得尊重。

大规模地进行这样的文化转变需要鼓动、创新和协调努力。而且，正如我们所看到的，许多这样的努力已经在进行之中。这包括来自年轻人的要求为应对气候危机而采取的行动，还有促使像SASB这样的组织开发衡量企业价值的新方法。这些进步为一个新时代打开了大门。在这个时代，财务不再是决策的唯一标准。如果发生这种转变，其他资源，例如那些更能保护地球、消除贫困和增进我们集体福祉的能力的资源，也将变得更加宝贵。反过来，这种变化将为可能的权力重新分配打开大门。然而，这是否一定会带来更加公平的权力分配，将取决于我们如何控制对有价值资源的获取。

掌握使用权力的智慧

权力等级制度可以给我们的生活带来稳定和安全，并提供攀登的阶梯，满足我们对自尊的需求。但正如我们已经向你展示的那样，权力很容易被滥用。我们必须有洞察力和勇气，无论何时何地，都要警惕和挑战权力滥用。如果做不到这一点，我们将继续重复现状，同时进一步将权力集中在少数人的手中。而且，尽管其中一些人可能明白，分享权力、避免巨大权力失衡带来的危险符合他们自身的利益，但许多人还是缺乏这种智慧。他们会竭尽所能地保护和发展自己的权力，即使这样做会损害他人，并且最终祸害自己。

我们可以通过提高集体能力来抵消权力的集中，从而在我们的工作场所——更广泛地说是在社会上，对权力的游戏规则进行审议、讨论和决定，这就是民主发挥作用的地方。如果没有平等参与民主制度的能力，我们就会失去共同决定我们未来的能力，屈服于比我们强大的人的意志。总之，我们会放弃我们的权力。底线很简单：当我们展望未来时，我们必须迫切而热情地在工作场所和社会中重新夺回我们的民主权利。

回想一下我们刚打开这本书时看到的盖吉斯的故事。当他得到隐形戒指后，用他新获得的力量杀死了国王，娶了王后，并获得了更多权力。柏拉图给我们讲了这个警世故事：如果权力任由一个或几个人不受约束地掌控，权力就总是有可能被用来达到邪恶的目的。但我们对付这些不正当行为的办法并不是背弃权力，而是理解、建立和使用我们的权力，无论是作为个人还是一个集体的公民，以确保我们的个人权利和自由，并与不公正的权力等级制度做斗争。这就需要我们每个人都认识到，权力是每个人的事。权力属于我们所有人。

附 录

社会科学中的权力定义

像所有的学者一样,我们对权力的研究也是站在前人研究和著述的肩膀上的。在这篇附录中,我们将尽最大的努力向那些对我们的思考产生了巨大影响,并有助于我们理解所谓的权力基础的作者和著作致谢。

社会科学家以多种方式定义权力,他们认为权力是一种不顾阻力执行个人意志的能力(Maxcen, *Economy and Society*[1922], 伯克利:加州大学出版社, 1978);是强迫他人做出自己想要的行为(Robert A Dahl, "The Concept of Power" *Behaviercal Science* 2, no.3 [1957]: 201–215);为讨论和/或决策而进行的界限设定(Peter Bachrach and Morton S. Baratz, Two Faces of Power, *American Political Science Review* 56, no. 4 [1962]: 47–952);通过收回奖励或者施加惩罚来把自己的意愿强加于人(Peter M. Blau, *Exchange and Power in Social Life* [New York:Wiley, 1964]);说服别人相信你想让他们相信的东西(Steven Lukes, *Power: A Radical View* [Hounmills:Macmillan, 1974]);或者按照一个人想要的方式去做事情(Gerald Salancik and Jeffrey Pfeffer, *Who Gets Power— And How They Hold on to It*, eds M. Tushman, C.

O'Reilly, & D. Nadler [New York: Harper & Row, 1989], 268-284）。

这些定义有两个共同点。第一个共同点是，这些书的作者认为权力是一个人或一群人对他人产生影响的能力，也就是影响他们的行为（Bertrand Russell, *Power: A New Social Analysis* [London: Allen and Unwin, 1938]；Dennis Wrong, *Power: Its Forms, Bases, and Uses* (New York: Harper and Row, 1979）。这种影响可以以各种方式施展，引导社会科学家区分不同形式的权力（例如，John R. P. French and Bertram Raven, "The Bases of Social Power," in Studies in *Social Power*, ed. D. Cartwright [Ann Arbor: University of Michigan, 1959], 150-167）。加利福尼亚大学伯克利分校的社会学家曼纽尔·卡斯特（Manuel Castells）总结指出，"权力行使要通过胁迫（暴力垄断，无论是否合法，由国家进行）或通过文化生产和分配来塑造人们的思想"（Manuel Castells, "A Sociology of Power: My Intellectual Journey," *Annual Review of Sociology* 42 [2016]: 1-19）。因此，文献中确定的权力类型有两大类。第一类包括基于说服的权力类型，比如源于对某人的专业知识的信任而产生的专业权力，源于对某人的崇拜或认同而对照产生的权力，或者源于对文化规范的控制而产生的权力。另一类是基于强制的权力类型，包括使用武力（无论是否涉及身体暴力）和权威（或"合法权力"）来影响人们的行为。基于这一庞大而丰富的研究成果，我们将权力定义为影响他人或群体行为的能力，而无论这种能力是通过说服还是强制获得的。

第二个共同点是，他们全部或明确或隐晦地假定权力是一个行动者对他人依赖的模式。社会交换理论中的权力依赖关系模型清楚地阐明了这一观点。这一模型是社会学家理查德·爱默生（Richard Emerson）提出的。

在这种观点下，权力是依赖的反义词。行动者甲对于行动者乙的权力，取决于行动者乙在多大程度上依赖于行动者甲。行动者乙对于行动者甲的独立程度，"直接正比于行动者乙对行动者甲提出的激励目标的投入程度，也反比于甲、乙两人关系之外的对于行动者乙的目标可获取性。"（Richard M. Emerson, "Power-Dependence Relations," *American Sociological Review* 27, no. 1 [1962]: 32）。我们在本书中介绍的权力的基本原理，就是从权力的概念中衍生出来的。这些基本原理认为行动者甲对于行动者乙的权力，取决于行动者甲在多大程度上控制着行动者乙所看重的资源。相反，行动者乙对于行动者甲的权力，也取决于行动者乙在多大程度上控制着行动者甲所看重的资源。从权力的基本原理可以看出，权力总是相互关联的，它不是零和游戏。如果甲、乙两人是相互依赖的，并且他们所能获得的资源在各自眼中具有同等的价值，那么甲、乙之间的权力关系可能是平衡的。如果一方需要另一方提供更多的资源，那权力关系就是不平衡的。

重要的是，各方所看重的资源可能是心理上的，也可能是物质上的。就像埃德娜·B.福阿（Edna B.Foa）教授和她的丈夫乌列·福阿（Uriel Foa）教授所指出的：资源"可以是实物，比如一件衣服或一瓶酒，金钱或等价形式的付款；可以是一个吻，一个医疗或美容服务，一张报纸，一个祝贺握手，一个赞赏或责备的眼神；可以是拍拍他人的背，或是一拳打在鼻子上"。

简言之，资源可以是任何物品，具体的或抽象的，它可以成为人与人之间交换的对象（Edna B. Foa and Uriel G. Foa, "Resource Theory: Interpersonal Behavior as Social Exchange," in *Social Exchange: Advances in Theory and Research*, eds. K. J. Gergen, M. S. Greenberg, and R. H. Willis, [New

York: Plenum Press, 1980])。控制这些资源可以成为权力的来源,但不能保证权力的存在。正如皮特·莫里斯(Peter Morris)指出的那样,这些资源本身并不等同于权力(Peter Morris, *Power: A Philosophical Analysis*, 2nd ed. [Manchester, UK: Manchester University Press, 2002])。此外,控制了有价值的资源也并不等同于行使了权力。有些人可能会利用这种控制来影响他人,从而行使自己的权力,而另一些人则可能不会。一个人有影响别人的能力并不一定意味着他会使用它。

认识到权力是影响他人的一种能力,它存在于对获取宝贵资源的控制之中,这对于在多层次的分析中理解权力关系至关重要。整个社会科学体系研究显示,权力动态背后的基本原理不仅适用于个人之间的权力关系,而且适用于机构之间的权力关系。(例如 Jeffrey Pfeffer and Gerald Salancik who applied Emerson's exchange theory of power-dependence relations to organizations in their book, *The External Control of Organizations: A Resource Dependence Perspective* [New York: Harper and Row, 1978], Robert Keohane and Joseph Nye, *Power and Interdependence* [Boston: Little Brown and Co., 1977]; Joseph Nye, *The Future of Power* [New York: PublicAffairs, 2011].

在运用权力的基本原理来理解人际关系和组织间或国家间的关系时,人们应该始终考虑这些关系所处的环境。文化规范在特定的背景下塑造了价值认知体系,而资源的分配可能会有利于某一些人和组织,而不利于其他人。正如伦恩(Wrong)所说,"权力的不平等分配不是纯粹个人属性和能力不平等分配的结果,而是反映了一个社会主要机构的运作以及这些机构的合法性"。因此,权力在有助于权力等级结构更新迭代中变得根深蒂固。米歇尔·福柯特(Michel Foucault)进一步指出"权力无处不在"

(Michel Foucault, *The History of Sexuality: The Will to Knowledge* [London: Penguin, 1998], 63)。

正如我们在第 5 章中所讨论的,虽然权力等级结构是根深蒂固的,但历史经验表明,集体的力量可以用来挑战权力等级。这需要人们齐心协力、坚持到底,而不能靠某个人独自完成(Talcott Parsons, "On the Concept of Political Power," in *Sociological Theory and Modern Society*, ed. T. Parsons [New York: The Free Press, 1967])。虽然我们把权力定义为影响他人行为的能力,容易被等同于"权力凌驾",但它也包含了权力的集体维度,因为人们可以联合在一起,作为团体、组织或运动的一部分来影响他人。这种"权力联合"使人们能够在组织中进行协作并实现共同的目标(Mary Parker Follett, *Dynamic Administration: The Collected Papers of Mary Parker Follett*, eds. H. C. Metcalf and L. Urwick [New York–London: Harper & Brothers, 1940]),并改变社会中现有的权力结构(Hannah Arendt, On Violence [New York: Harcourt, Inc., 1970])。

所有这些概念化——不管它们关注的是"权力凌驾"还是"权力联合"——关注的都是"社会权力",它们在本质上是相互关联的,正如我们在这本书中对权力的研究一样。为了补充这些观点,政治理论家汉娜·费尼切尔·皮特金(Hanna Fenichel Pitkin)在 1973 年提出了凌驾他人的权力和行动的权力之间的区别。用皮特金的话来说:"一个人可能对另一个人或其他人拥有权力,这种权力确实是基于社会关系的……但是,一个人可能有能力完全靠自己的力量去完成某件事,而且这种能力与社会关系完全无关。如果他有能力去做的是一项社会或政治活动,那么就可能涉及其他人,但他并不需要。"(Hanna Fenichel Pitkin, *Wittgenstein and Justice: On the*

Significance of Ludwig Wittgenstein for Social and Political Thought [Berkeley: University of California Press, 1972])。随后的分析研究挑战了"行动的力量与社会关系无关"这一理念,强调一个人的行动能力往往取决于他与社会环境的内在关系(Pamela Pansardi, "Power to and Power over: Two Distinct Concepts of Power?" *Journal of Political Power* 5, no. 1 [2012]: 73-89)。总而言之,无论哪种方式(权力凌驾、权力联合或是权力赋予),权力之间都是有关系的,总是会涉及影响一个人或一群人的能力,影响某个事物、某个人或多个人的能力,而无论其手段是通过说服还是强制。这种能力源于对宝贵资源获取的控制,正如我们在第 1 章中介绍的权力基础所概括的那样。

有关心理学、管理学、政治科学、社会学和哲学中权力研究的评论,请参见:Adam D. Galinsky, Derek D. Rucker, and Joe C. Magee, "Power: Past Findings, Present Considerations, and Future Directions," in APA Handbook of *Personality and Social Psychology: Interpersonal Relationships*, eds. Mario Mikulincer and Philip R. Shaver, vol. 3 (Washington, DC: American Psychological Association, 2015), 421–460; Peter Fleming and André Spicer, "Power in Management and Organization Science," *Academy of Management Annals* 8, no. 1 (2014): 237-298; William Ocasio, Jo-Ellen Pozner, and Daniel Milner, "Varieties of Political Capital and Power in Organizations: A Review and Integrative Framework," *Academy of Management Annals* 14, no. 1 (2020): 303-338; Marshall Ganz, "Speaking of Power" (Gettysburg Project, 2014); Archon Fung, "Four levels of Power: A Conception to Enable Liberation," *The Journal of Political Philosophy* 28, no.2 (2020):

131–157; Roderick Kramer and Margaret Neale, *Power and Influence in Organizations*, 1st ed. (Thousand Oaks, CA: SAGE, 1998); Amy Allen, "Rethinking Power," *Hypatia* 13, no.1, (2020): 21–40; Stewart Clegg, David Courpasson, and Nelson Phillips, *Power and Organizations* (London: SAGE, 2006); Gerhard Göhler, " 'Power to' and 'Power over,' " in Sage Handbook of Power, eds. S. R. Clegg & M. Haugaard (London: SAGE, 2009) 27–40; Rachel E. Sturm and John Antonakis, "Interpersonal Power: A Review, Critique, and Research Agenda," *Journal of Management* 41, no. 1 (January 1, 2015): 136–163.

致　谢

　　这本书的"种子"首先是由我们在哈佛大学和多伦多大学的学生，以及所有我们有幸在世界各地开展研究的人"种下"的。正是他们对权力的好奇，他们对答案的寻找，以及他们想在家庭、工作和社会中产生影响的愿望，让我们踏上了撰写这本书的旅程。我们感谢他们每个人的参与、支持，以及他们教给我们的一切。我们希望这本书将有助于回答他们的问题，并使他们能够进一步利用他们的权力对他们的生活和世界产生积极的影响。

　　虽然只有我们两个人的名字出现在这本书的封面上，但实际上它是许多人集体力量的结晶。

　　艾丽丝·切尼（Elyse Cheney），我们的文学经纪人，从我们写书伊始，她就温柔而稳健地指导我们。她对我们的信任和对这本书的信仰，以及她对这本书的愿景，给了我们真正的动力。自从我们第一次见面，我们在艾丽丝纽约办公室的白板上向她介绍权力的基本原理，她就一直陪伴在我们身边，提供宝贵的反馈和建议，帮助我们塑造这本书，使它对我们的读者来说容易理解和使用。我们也感谢所有艾丽丝·切尼文学协会支持此书的人，特别是阿里森·德沃陆克斯（Allison Devereux）、克莱尔·吉利斯皮

（Claire Gillespie）和伊莎贝尔·曼迪亚（Isabel Mendia）。

这本书背后的另一股有远见的力量，是西蒙与舒斯特出版公司（Simon & Schuster）的编辑斯蒂芬妮·弗雷里奇（Stephanie Frerich）。她对这个项目的热情一直是她灵感和动力的源泉。斯蒂芬妮花了无数个小时耐心审阅和编辑我们的初稿，前后共有五个版本。她的敏锐、智慧和广泛的视角帮助我们定义了这本书的架构，提炼了它的内容，并加强了我们的写作效果，她是我们最好的搭档。在与西蒙与舒斯特出版社的合作中，我们也很幸运地受益于史蒂芬·本福德（Stephen Bedford）、科尔斯登·博尔德特（Kirsten Berndt）、阿里西亚·布兰卡托（Alicia Brancato）、达纳·卡内迪（Dana Canedy）、阿里森·福纳尔（Alison Forner）、摩根·哈特（Morgan Hart）、伊丽莎白·荷门（Elizabeth Herman）、乔·卡普（Jon Karp）、马斯·莫纳汉（Math Monahan）、利维林·普兰克（Lewelin Polanco）、理查德·罗拉尔（Richard Rhorer）和艾米莉·西蒙森（Emily Simonson）等专家的工作。

我们永远感谢那些在采访中与我们分享经验、知识和智慧的人。他们中许多人的故事在这本书中都被记录了下来，还有更多的人的更多故事没有被记录下来，但他们中的每一个人都对我们产生了持久的影响，并让我们了解了权力。我们感谢卡伦·亚当斯（Karen Adams）、穆罕默德·阿尔·乔恩德（Mohamad Al Jounde）、加布里拉·阿亚拉（Gabriela Ayala）、西耶·巴斯泰达（Xiye Bastida）、玛丽·比尔德（Mary Beard）、大卫·比提（David Beatty）、拜斯·比蒙（Betsy Beamon）、卡罗尔·比法（Karol Beffa）、艾斯玛·本·哈米达（Essma Ben Hamida）、保拉·伯格纳（Paola Bergna）、维卡斯·伯玛（Vikas Birhma）、拉托莎·布朗（LaTosha Brown）、卡罗尔·布朗纳（Carol Browner）、塔拉娜·伯克（Tarana Burke）、卡罗尔·卡罗所（Carol Caruso）、露西亚·卡萨德（Lucia Casadei）、斯里勒卡·卡拉博地（Srilekha Chakraborty）、萨沙·坎诺夫（Sasha Chanoff）、薇拉·科代罗（Vera Cordeiro）、潘多·达乌比（Pendo Daubi）、谢丽尔·多尔西（Cheryl Dorsey）、艾利娜·杜蒙特（Elina Dumont）、奥马尔·安卡那希（Omar Encarnacion）、塞希尔·法尔肯（Cecile Falcon）、梅根·法隆（Meagan Fallone）、吉姆·法鲁克特曼（Jim Fruchterman）、大卫·葛根（David Gergen）、莉亚·格利马尼斯（Lia Grimanis）、克劳德·格伦提兹基（Claude Grunitzky）、弗朗索瓦·奥朗德（François Hollande）、马沙罗夫·侯赛因（Mashroof Hossain）、塔提娜·吉玛（Tatiana Jama）、塔瓦库·卡曼（Tawakkol Karman）、克里斯丁·拉格德（Christine Lagarde）、桑德拉·洛佩兹（Sandra Lopez）、法兰克伊斯·南森（Francoise Nyssen）、阿纳德·玛辛德拉（Anand Mahindra）、奥里亚娜·玛姆比（Oriana Mambie）、凡妮莎·玛托斯（Vanessa Matos）、安东尼·曼德金巴（Antoine Mindjimba）、希尔维亚·摩尔斯（Sylvia Morse）、艾伦·奥乔亚（Ellen Ochoa）、托佩·奥冈迪佩（Tope Ogundipe）、蒲爱仁（Ai-Jen Poo）、玛丽亚·拉希德（Maria Rachid）、艾米莉·拉福提（Emily Rafferty）、安德莉·雷梅尔（Andrea Reimer）、吉恩·罗杰斯（Jean Rogers）、格拉姆·罗素尔（Guillaume Roussel）、米莉安·莱克勒斯（Miriam Rykles）、尤瓦什·沙尼（Urvashi Sahni）、帕拉克·沙阿（Palak Shah）、温蒂·舍曼（Wendy Sherman）、布莱特·西蒙斯（Bright Simons）、玛丽亚·斯派克（Maria Speck）、丹·塔博尔（Dan Taber）、贾斯特斯·瓦耶苏（Justus Uwayesu）、多纳泰拉·范思哲（Donatella Versace）、福劳伦斯·福泽伦（Florence Verzelen）、亚历山大·维拉什内尔（Alexandria Villasenor）、吉伦·维尔（Glen Weyl）、麦卡·怀特

（Micah White）、梅雷迪思·惠特克（Meredith Whittaker）、克劳戴恩·沃尔夫（Claudine Wolfe），以及凡妮莎·怀奇（Vanessa Wyche），还有我们应要求隐藏了姓名的"宁先生"（Ning）和"阿卡什"（Aakash）。你知道你是谁，我们非常感谢你们对这本书的贡献。我们还要感谢英国国家卫生服务的临床医生和管理人员，15年前标志着我们联合工作开始的研究项目的一部分，我们也采访了他们。出于保密的原因，我们不能在这里说出他们的名字，但我们从他们身上学到的东西丰富了我们对权力的理解。

由于我们在这本书中建立并交织了对许多学科的见解，我们非常感谢所有的研究人员，他们的工作让我们更好地理解了跨背景、跨国家和跨学术视角的权力。他们做的工作太多了，不能在这里一一列举，但我们希望本书的内容已经客观地展示了他们的想法和见解。

我们的许多朋友、同事和学生都慷慨地用了许多时间来讨论我们在这本书中提出的想法。感谢你们和我们进行了有启发的交流，感谢伊丽莎白·安德森（Elizabeth Anderson）、麦克尔·安特比（Michel Anteby）、索菲亚·巴克（Sophie Bacq）、劳伦·巴肯（Lauren Bacon）、希瓦·巴尔利（Sivahn Barli）、法兰西斯·博尼希（François Bonnici）、克里斯汀·布鲁兹克（Christin Brutsche）、汤姆·达奥诺（Tom D'Aunno）、杰瑞·戴维斯（Jerry Davis）、艾丽西娅·德圣托拉（Alicia DeSantola）、索菲亚·古梅斯·德·席尔瓦（Sofia Gomez De Silva）、斯地凡·迪米特拉迪斯（Stefan Dimitriadis）、法兰克·杜宾（Frank Dobbin）、大卫·伊凡斯（David Eaves）、阿尔努尔·艾博拉欣（Alnoor Ebrahim）、多哥·艾尔美多尔夫（Doug Elmendorf）、伊莎贝尔·费雷拉斯（Isabelle Ferreras）、阿尔肯·福格（Archon Fung）、亨利埃·格白格（Hervé Gbego）、马提亚·吉尔马丁（Mattia Gilmartin）、玛丽亚·安·吉恩（Mary Ann Glynn）、罗尔斯登·格林伍德（Royston Greenwood）、莫妮卡·希金斯（Monica Higgins）、拉卡什·库拉那（Rakesh Khurana）、克莱登·库恩兹（Clayton Kunz）、迈克尔·李（Michael Lee）、达奇·雷奥纳德（Dutch Leonard）、尼克·莱维特（Nick Levitt）、迈克尔·伦斯柏利（Michael Lounsbury）、乔安娜·梅艾尔（Johanna Mair）、乔·玛尔格里斯（Joshua Margolis）、约翰·梅尔（John Meyer）、维克多·努耶（Victoria Nguyen）、托马兹·奥博罗（Tomasz Obloj）、提莫兹·欧博利恩（Timothy O'Brien）、安妮克莱尔·帕克（Anne-Claire Pache）、凯瑟琳·帕拉德斯（Catherine Paradeise）、杰夫·波尔兹（Jeff Polzer）、沃迪·鲍威尔（Woody Powell）、文森特·庞斯（Vincent Pons）、卡什·兰金（Kash Rangan）、苏比·兰金（Subi Rangan）、汉那·里雷·博勒斯（Hannah Riley Bowles）、马特亚斯·莱斯（Mathias Risse）、克里斯提恩·塞勒斯（Christian Seelos）、乔治·塞拉费姆（George Serafeim）、吉恩-克劳德·托尼格（Jean-Claude Thoenig）、安妮·特拉克（Annie Trainque）、布莱恩·特来斯塔德（Brian Trelstad）、大卫·沃德（David Wood），以及伊芙琳·张（Evelyn Zhang）。

感谢爱丽丝·博内特（Iris Bohnet）、米希尔·戴萨伊（Mihir Desai）、亚当·格兰特（Adam Grant）、玛丽萨·金（Marissa King）、克里斯·马尔奎斯（Chris Marquis）、吉瑞·麦兰德（Jerry Meland）、塞巴·麦兰德（Sheba Meland）、高塔姆·姆昆达（Gautam Mukunda）、阿德莱·塞里（Adeline Sire）、格雷格·斯通（Greg Stone）、麦克尔·图什曼（Michael Tushman）、玛尔吉里·威廉姆斯（Marjorie Williams）、亨利·蒂姆斯（Henry Timms）和安德拉斯·提尔克斯克（András Tilcsik），他们在我们不同的写作阶段分

享了他们的建议。

我们还要特别感谢下列各位详细阅读了初稿的部分内容，并为我们的内容提出了修改建议：艾利卡·克诺维斯（Erica Chenoweth）、迈克尔·福尔斯坦（Michael Fuerstein）、马歇尔·甘兹（Marshall Ganz）、米歇尔·J.盖尔芬德（Michele J. Gelfand）、阿维·古尔德法尔布（Avi Goldfarb）、乔·杰克姆维兹（Jon Jachimowicz）、麦克勒·劳门特（Michèle Lamont）、罗伯特·利文斯顿（Robert Livingston）、莫德采·林恩（Mordecai Lyon）、比尔·麦克艾维利（Bill McEvily）、吉利·米勒查（Julie Mirocha）、斯维塔·拉加（Swetha Raja）、萨特维克·莎尔玛（Satwik Sharma）和于铁英（Tieying Yu）。

我们非常感谢本杰明·阿巴坦（Benjamin Abtan）、斯加尔·巴尔萨德（Sigal Barsade）、卡罗尔·卡罗所（Carol Caruso）、塞希尔·法尔肯（Cecile Falcon）、卡罗莱恩·法鲁（Caroline Faure）、巴尔巴拉·劳伦斯（Barbara Lawrence）、马修·李（Matthew Lee）、乌麦玛·曼德罗（Umaimah Mendhro）、阿耶萨·内亚尔（Ayesha Nayar）、迪帕·普鲁所塔曼（Deepa Purushothaman）、梅汀·森古尔（Metin Sengul）、柴宁·斯潘塞（Channing Spencer）、埃立特·斯拖勒（Elliot Stoller）、阿杜克·泰威尔（Aduke Thelwell）、吉莲·延恩（Julie Yen）和马塞拉·金格拉维兹（Marcela Zingerevitz），他们一页一页地详读了初稿，并且给了我们详细的反馈，提供了巨大的帮助。我们还要感谢拉卡什米·兰马拉杰（Lakshmi Ramarajan），他读了两遍原稿，无数次和我们一起头脑风暴，讨论本书的每一个方面；而且任何时候我们给他打电话时，他都会随时随刻接起电话。我们感谢皮特·斯科布里科（Peter Scoblic），他帮我们润色了整书的结构，并且修改了一些棘手的章节。

我们也要感谢哈佛大学肯尼迪学院社会创新与变革倡议中心和公共领导中心，以及哈佛商学院社会企业倡议的优秀团队。我们特别感谢布里塔尼·布特勒（Brittany Butler）、克里恩·凯利（Colleen Kelly）、因格·麦克而菲尔德（Ingo Michelfelder）、阿利·菲利普斯（Ally Phillips）、阿伦德拉·拉米尔兹（Alondra Ramirez）和穆-切尔·云（Mu-Chieh Yun），他们帮助和支持我们确定了本书的"基因"，并且分享、贡献了他们的故事，审读和评论了初稿，并且和我们头脑风暴，讨论如何才能最好地传播我们的想法。

这本书能出版，还要感谢几个特殊的合作伙伴的热情参与和支持。杰森·戈尔登（Jason Gerdom）帮助我们构建了正确的IT基础设施，以便我们可以在远程一起编写这本书。莉比·奎恩（Libby Quinn）从一开始就是我们团队的一员，从帮助我们组织采访到对初稿的多个版本发表评论，再到促使我们思考如何传播这本书的核心思想，莉比的贡献一直是至关重要的。艾米莉·格拉德吉恩（Emily Grandjean）、马特·希金斯（Matt Higgins）、玛丽莎·金赛（Marissa Kimsey）、雷泽克·克罗尔（Leszek Krol）、摩尔迪·萨博提（Mordy Sabeti）和阿历克斯·乌巴里杰罗（Alex Ubalijoro）在不同阶段作为研究助理与我们合作本书内容的开发。他们的承诺真的很了不起。我们很荣幸有机会与他们这些如此有才华、严谨、专注的研究人员一起工作。

最重要的是，我们要感谢卡拉·谢帕尔德-琼斯（Kara Sheppard-Jones）和南·斯通（Nan Stone），感谢他们在概念化和编写这本书中提供了非常有价值的帮助。卡拉·谢帕尔德-琼斯对这个项目的雄心壮志和热情一直是她的动力源泉，她一直和我们同甘共苦。这本书的编写极大地受益于她作为作家、研究者和社会变革制造者的丰富经验和才华。最后，如果没有南·斯通的智慧、技巧和坚定的支持，我们是不可能成功完成这次旅程的。她极具价值的编辑建议，总是带着善意和慷慨，极大改进了这本书的表达。她们是多么美丽的作家，多么好的朋友啊！

感谢父母多年来不断的鼓励，对我们坚定不移的信念和无条件的爱。我们感谢我们的兄弟姐妹：艾米列（Emilie）和拉法雷（Raffaele）。在任何需要的时候，我们都可以带孩子们去参加聚会，绞尽脑汁想出另一个标题（或副标题），他们忍受一个又一个夜晚或周末与我们一起专心写作。我们感谢我们的爱人：罗曼（Romain）和内德（Ned）。感谢他们的活力、幽默、鼓舞的话、拥抱、亲吻、隐藏在他们年龄之下的智慧、耐心，以及他们给我们的生活带来的无限欢乐。我们感谢我们的孩子：诺埃（Noé）和罗（Lou），索希尔（Sohier）和利维亚（Livia）。我们的家庭给了我们超能力。没有他们，一切都不会成真。

最后，我要感谢所有卓越的变革创造者，你们不知疲倦地运用自己的力量参与建设更公正、更民主、更"绿色"的社群、组织和社会，是你们激励了我们写这本书的决心。我们知道你们的事业有多重要、多困难。我们对你们的感激和钦佩是无穷的。我们希望这本书将对你们的努力有所助益，并且激励其他人加入你们的队伍。

注　释

前言　理解权力，读懂影响力的底层逻辑

［1］Plato, *Plato's Republic, Book II* (Agora Publications, 2001): 47–48.

［2］Niccolò Machiavelli, *De Principatibus/Il Principe* (Antonio Blado d'Asola, 1532).

01　掌握权力的规则，人人都可以拥有权力

［1］2017年11月15日，莉亚·格利马尼斯在多伦多国际妇女论坛世界领导人会议上的主题演讲。

［2］莉亚·格利马尼斯的主题演讲。

［3］莉亚·格利马尼斯的主题演讲。

［4］国际教练联合会（ICF）根据不同的职业发展水平对教练进行认证：助理认证教练（ACC）、专业认证教练（PCC）和硕士认证教练（MCC）。许多持证教练都是执行教练。所有的注册教练都遵循一种规范的方法，就像注册会计师（CPA）或特许金融分析师（CFA）那样，莉亚只招募了ICF认证教练。

［5］2019年6月、2019年9月和2020年10月，莉亚·格利马尼斯与作者探讨。

［6］莉亚·格利马尼斯与作者探讨。

［7］2020 年 8 月，认证教练与作者探讨。

［8］Mary Parker Follett, *Dynamic Administration*: *The Collected Papers of Mary Parker Follett,* eds. Henry C. Metcalf and L. Urwick (New York–London: Harper & Brothers, 1942), 101; 另外参见 Mary Parker Follett, *Creative Experience* (New York: Longmans, Green, & Co., 1924), xiii.

［9］Pam Houston, *The Truest Eye, O, the Oprah Magazine,* November 2003, accessed December 10, 2020, http:// www.oprah.com/omagazine /toni-morrison-talks-love /4/.

［10］这幅图描绘了我们对爱默生权力平衡策略的调整，参见 Richard M. Emerson, "Power-Dependence Relations," *American Sociological Review* 27, no. 1 (1962): 31–41.

［11］Andrew Francis-Tan, Hugo M. Mialon, *A Diamond Is Forever*, 和 *Other Fairy Tales: The Relationship Between Wedding Expenses and Marriage Duration. Economic Inquiry* 53, no. 4 (2015): 1919–1930.

［12］Stefan Kanfer, *The Last Empire: De Beers, Diamonds, and the World* (New York: Farrar, Straus and Giroux, 1995): 270–272.

02　合理利用权力，帮你实现目标

［1］Robert Green, *The 48 Laws of Power* (New York: Penguin Books, 2000), 16, 56, 89, 101.

［2］Niccolò Machiavelli, *The Prince,* trans. W. K. Marriott, (London & Toronto: E. P. Dutton & Co., 1908), 134.

［3］Paul Rozin and Edward B. Royzman, *Negativity Bias, Negativity Dominance, and Contagion, Personality and Social Psychology Review* 5, no. 4

(2001): 296–320.

［4］Saul Alinsky, *Rules for Radicals: A Pragmatic Primer for Realistic Radicals* (New York: Vintage Books, 1989), 51.

［5］Bertrand Russell, *Power: A New Social Analysis* (Psychology Press, 2004), 12.

［6］2019年4月和2020年2月，米莉安与作者探讨。

［7］Dacher Keltner, *The Power Paradox: How We Gain and Lose Influence* (New York: Penguin Press, 2016). 另外参见 Adam D. Galinsky et al., *Power and Perspectives Not Taken, Psychological Science* 17, no. 12 (2006): 1068–74; Deborah H. Gruenfeld et al., *Power and the Objectification of Social Targets, Journal of Personality and Social Psychology* 95, no. 1 (2008): 111–27; Joe C. Magee and Pamela K. Smith, *The Social Distance Theory of Power, Personality and Social Psychology Review*, no. 2 (May 2013): 158–186.

［8］Simon Baron-Cohen et al., *The "Reading the Mind in the Eyes" Test Revised Version: A Study with Normal Adults, and Adults with Asperger Syndrome or High-Functioning Autism, Journal of Child Psychology and Psychiatry and Allied Disciplines* 42, no. 2 (2001): 241–251.

［9］Michael W. Kraus et al., *Social Class, Contextualism, and Empathic Accuracy, Psychological Science* 21, no. 11 (2010): 1716–1723.

［10］Cameron Anderson et al., *The Local-Ladder Effect: Social Status and Subjective Well-Being, Psychological Science* 23, no. 7 (2012): 764–771.

［11］Vanessa K. Bohns and Scott S. Wiltermuth, *It Hurts When I Do This (or You Do That): Posture and Pain Tolerance, Journal of Experimental Social Psychology* 48, no. 1 (2012): 341–345.

［12］Petra C. Schmid and Marianne Schmid Mast, *Power Increases*

Performance in a Social Evaluation Situation as a Result of Decreased Stress Responses, European Journal of Social Psychology 43, no. 3 (2013): 201–211.

［13］Cameron Anderson and Adam D. Galinsky, *Power, Optimism, and Risk-Taking, European Journal of Social Psychology* 36, no. 4 (2006): 511–536.

［14］Robert Graves, *The Greek Myths* (Mt. Kisco, NY: Moyer Bell, 1988).

［15］Graves, *The Greek Myths,* 313.

03 掌控需求，就等于掌握了权力

［1］关于东西方思想中儒家、印度教、佛教、柏拉图、基督教、伊斯兰教、康德等基本人性观的比较和总结，参见 Leslie Forster Stevenson, *Thirteen Theories of Human Nature* (Oxford: Oxford University Press, 2018).

［2］Mihaly Csikszentmihalyi, *Flow: The Psychology of Optimal Experience* (New York: Harper, 2008), 8.

［3］Johannes Gerschewski, *The Three Pillars of Stability: Legitimation, Repression, and Co-optation in Autocratic Regimes, Democratization* 20, no. 1 (2013): 13–38.

［4］Diego Gambetta, *The Sicilian Mafia: The Business of Private Protection* (Cambridge, MA: Harvard University Press, 1996).

［5］United Nations Office on Drugs and Crime, *Global Study on Homicide 2018: Gender-Related Killing of Women and Girls,* 2018; Jan Stets, *Domestic Violence and Control* (New York: Springer-Verlag, 1988).

［6］Margaret W. Linn, Richard Sandifer, and Shayna Stein, *Effects of Unemployment on Mental and Physical Health, American Journal of Public Health* 75, no. 5 (1985): 502–506.

［7］Michael Grabell, *Exploitation and Abuse at the Chicken Plant, The*

New Yorker, May 8, 2017, https://www.newyorker.com/magazine/2017/05/08 /exploitation-and-abuse-at-the-chicken-plant.

[8] David Nakamura and Greg Miller, *"Not Just Chilling but Frightening": Inside Vindman's Ouster amid Fears of Further Retaliation by Trump, Washington Post,* February 8, 2020, https://www.washingtonpost.com/politics/not-just-chilling-but-frightening-inside-vindmans-ouster-amid-fears-of-further-retaliation-by-trump/2020/02/08/7d5ae666-4a90-11ea-b dbf-1dfb23249293_story.html.

[9] Thomas Hobbes, *Leviathan,* ed. C. B. Macpherson (New York: Penguin, 1985).

[10] Philip H. Pettit, *Just Freedom: A Moral Compass for a Complex World* (New York: W. W. Norton, 2014), xxvi.

[11] Babu-Kurra, *How 9 /11 Completely Changed Surveillance in U.S.,* WIRED, September 11, 2011, https://www.wired.com /2011 /09 /911-surveillance/. 当遇到不确定性和威胁破坏了人们的控制感时，他们倾向于捍卫提供结构和秩序的政府机构的合法性。参见 Aaron C. Kay, Jennifer A. Whitson, Danielle Gaucher, and Adam D. Galinsky, *Compensatory Control: Achieving Order Through the Mind, Our Institutions, and the Heavens, Current Directions in Psychological Science* 18, no. 5 (2009): 264–268.

[12] Toshiko Kaneda and Carl Haub, *How Many People Have Ever Lived on Earth?" Population Reference Bureau,* January 23, 2020, https://www.prb.org/howmanypeoplehaveeverlivedonearth/.

[13] 关于人们自我观的经典治疗方法，参见 Morris Rosenberg, *Conceiving the Self* (New York: Basic Books, 1979)。自尊是自我概念的一个组成部分，自我概念是一个人对自己的看法，自尊是一个人对自己的评价。

参见 Jim Blascovich and Joseph Tomaka, *Measures of Self-Esteem, Measures of Personality and Social Psychological Attitudes,* vol. 1, eds. John Robinson, Phillip Shaver, and Lawrence Wrightsman (San Diego: Academic Press, 1991), 115–160.

04 谁控制着我们需要的资源

[1] 2019 年 11 月，多纳泰拉·范思哲与作者探讨。

[2] 关于正式权力的限制的一个例子，参见 Julie Battilana and Tiziana Casciaro, *Change Agents, Networks, and Institutions: A Contingency Theory of Organizational Change, Academy of Management* Journal 55, no. 2 (2012): 381–98; Julie Battilana, Tiziana Casciaro, *The Network Secrets of Great Change Agents, Harvard Business Review* 91, no.7–8 (2013): 62–68. 另外参见 Linda A. Hill and Kent Lineback, *Being the Boss: The 3 Imperatives for Becoming a Great Leader* (Boston, MA: Harvard Business Press, 2011).

[3] Michael Morris, Joel Podolny, and Sheira Ariel, *Missing Relations: Incorporating Relational Constructs into Models of Culture, Innovations in International and Cross Cultural Management,* ed. P. C. Earley and H. Singh (Thousand Oaks, CA: SAGE, 2000), 52–90.

[4] Michele Gelfand, *Rule Makers, Rule Breakers: How Tight and Loose Cultures Wire Our World* (New York: Scribner, 2018). 另外参见 Erin Meyer, *The Culture Map: Decoding How People Think, Lead, and Get Things Done Across Cultures* (New York: PublicAffairs, 2016).

[5] 2019 年 7 月，弗朗索瓦·奥朗德与作者的对话。

[6] Michel Crozier, *The Bureaucratic Phenomenon* (London: Tavistock Publications, 1964). 米歇尔·克罗泽（Michel Crozier）对权力关系与官僚

主义之间互动关系的深入研究，参见 Michel Crozier and Erhard Friedberg, *Actors and Systems: The Politics of Collective Action* (Chicago: University of Chicago Press, 1980).

［7］大卫·克雷特哈特在《社会网络与管理者的新责任》一文中首次讲述了曼纽尔的故事。*Trends in Organizational Behavior,* vol. 3（New York: Wiley, 1996）: 159–173. 审计部门正式组织架构和非正式人际网络的数据转载自本文。

［8］关于网络的视觉表现如何改变我们解决它们的方式的分析，参见 Cathleen McGrath, Jim Blythe, and David Krackhardt, *The Effect of Spatial Arrangement on Judgments and Errors in Interpreting Graphs, Social Networks* 19, no. 3 (1997): 223–242.

［9］关于权力地图对构建人际关系的影响的实证研究，参见 Tiziana Casciaro and Miguel Sousa Lobo, *Affective Primacy in Intraorganizational Task Networks, Organization Science* 26, no. 2 (2015): 373–89; 关于正式组织架构和人际网络之间联系的研究综述，参见 Bill McEvily, Giuseppe Soda, and Marco Tortoriello, *More Formally: Rediscovering the Missing Link between Formal Organization and Informal Social Structure, Academy of Management Annals* 8, no. 1 (2014): 299–345.

［10］Krackhardt, *Social Networks and the Liability of Newness,* 166.

［11］Battilana and Casciaro, *Change Agents, Networks, and Institutions,* 381–398; Battilana and Casciaro, *The Network Secrets,* 62–68; Debra Meyerson, *Radical Change, the Quiet Way, Harvard Business Review* 79, no. 9 (2001): 92–100. 关于企业作为一个政治实体的理论，参见 James G. March, *The Business Firm as a Political Coalition, The Journal of Politics* 24, no. 4 (1962): 662–678.

［12］要想了解人们如何通过社交网络获得影响力，参见 Daniel J. Brass, *Being in the Right Place: A Structural Analysis of Individual Influence in an Organization, Administrative Science Quarterly* 29, no. 4 (1984): 518–539.

［13］关于网络力量的历史回顾，参见 Niall Ferguson, *The Square and the Tower: Networks and Power, from the Freemasons to Facebook* (New York: Penguin Books, 2017).

［14］William Samuelson and Richard Zeckhauser, *Status Quo Bias in Decision- Making, Journal of Risk and Uncertainty* 1, no. 1 (1988): 7–59.

［15］Battilana and Casciaro, *The Network Secrets,* 62–68.

05　打破权力制度："弱者"也可以拥有影响力

［1］Mary Douglas, *How Institutions Think,* 1st ed., The Frank W. Abrams Lectures (Syracuse, NY: Syracuse University Press, 1986).

［2］Julie Battilana, Bernard Leca, and Eva Boxenbaum, *How Actors Change Institutions: Towards a Theory of Institutional Entrepreneurship, Academy of Management Annals* 3, no. 1 (2009): 65–107.

［3］Stephen G. Bloom, *Lesson of a Lifetime, Smithsonian Magazine,* September 2005.

［4］Bloom, *Lesson of a Lifetime.*

［5］Jean-Léon Beauvois, Didier Courbet, and Dominique Oberlé, *The Prescriptive Power of the Television Host: A Transposition of Milgram's Obedience Paradigm to the Context of TV Game Show, European Review of Applied Psychology* 62, no. 3 (2012), 111–119.

［6］Stanley Milgram, *Behavioral Study of Obedience, Journal of Abnormal and Social Psychology* 67, no. 4 (1963): 371–378. 自从米尔格拉姆实验进

行以来，研究人员就提出了有关该实验的伦理和方法问题，参见 Gina Perry, *Behind the Shock Machine: The Untold Story of the Notorious Milgram Psychology Experiments* (London-Melbourne: Scribe, 2012).

［7］Stanley Milgram, *Some Conditions of Obedience and Disobedience to Authority, Human Relations* 18, no. 1 (1965): 57–76.

［8］研究人员测试了四种场景：一种是对米尔格拉姆实验的标准重现，有 32 名参与者参与；在一个"社会支持"场景中，一名制作助理中途跑到片场，要求主持人停止游戏，因为游戏太不道德了，有 19 人参与其中；在"电视直播"场景中，参赛者被告知游戏节目将作为试点播出，有 18 人参与；最后是"主持人退出"情景，即主持人在明确条件后退出舞台，有 7 人参与。坚持到最后的选手比例因条件而异，标准条件下的选手坚持到底的占 81%，社会支持的占 74%，电视直播的占 72%，主持人退出的占 28%。所有情况的总体平均水平约为 72%。(参见 Beauvois, Courbet, and Oberlé, *Prescriptive Power*.)

［9］Eleanor Beardsley, *Fake TV Game Show "Tortures" Man, Shocks France, NPR,* March 18, 2010, https://www .npr .org /templates /story /story.php?storyId= 124838091.

［10］另外参见 Philip G. Zimbardo, *The Lucifer Effect: How Good People Turn Evil* (London: Rider, 2007).

［11］Hannah Arendt, *Eichmann in Jerusalem* (East Rutherford, NJ: Penguin Publishing Group, 2006): 276.

［12］Dacher Keltner, Deborah H. Gruenfeld, Cameron Anderson, *Power, Approach, and Inhibition, Psychological Review* 110, no. 2 (2003): 265–284; Deborah H. Gruenfeld et al., *Power and the Objectification of Social Targets, Journal of Personality and Social Psychology* 95, no. 1 (2008): 111–127; Adam

D. Galinsky et al., *Power and Perspectives Not Taken, Psychological Science* 17, no. 12 (2006): 1068–1074; Cameron Anderson, Adam D. Galinsky, *Power, Optimism, and Risk-Taking, European Journal of Social Psychology* 36, no. 4 (2006): 511–536; Kathleen D. Vohs, Nicole L. Mead, Miranda R. Goode, *The Psychological Consequences of Money, Science* 314, no. 5802 (2006): 1154–1156; Jennifer E. Stellar et al., *Class and Compassion: Socioeconomic Factors Predict Responses to Suffering, Emotion* 12, no. 3 (2012): 449–459.

[13] 另外参见 Keely A. Muscatell et al., *Social Status Modulates Neural Activity in the Mentalizing Network, NeuroImage* 60, no. 3 (2012): 1771–1777. 这个实验测试的是与心智相关的神经活动。实验发现，从主观上讲，地位较低的参与者的心理活动水平较高，而地位较高的参与者的反应则相反。

[14] Adam D. Galinsky, Deborah H. Gruenfeld, Joe C. Magee, *From Power to Action, Journal of Personality and Social Psychology* 85, no. 3 (2003): 453–466.

[15] 关于更高的社会阶层与增加的非法和不道德行为之间的更多联系，参见 Paul K. Piff et al., *Higher Social Class Predicts Increased Unethical Behavior, Proceedings of the National Academy of Sciences—PNAS* 109, no. 11 (2012): 4086–4091.

06 鼓动、创新与协调：普通人如何依靠集体争取权力

[1] Charles Tilly, *Social Movements 1768–2004* (London: Paradigm Publishers, 2004). 关于社会运动的文献回顾，参见 David A. Snow, Sarah A. Soule, Hanspeter Kriesi, eds., *The Blackwell Companion to Social Movements* (Hoboken, NJ: John Wiley & Sons, 2008);David A. Snow and Sarah A. Soule, *A Primer on Social Movements* (New York: W. W. Norton, 2010).

[2] 关于通信技术对社会运动影响的深入分析，参见 Manuel Castells, *Networks of Outrage and Hope: Social Movements in the Internet Age,* 2nd ed. (Malden, MA: Polity Press, 2015).

[3] Gene Sharp, *From Dictatorship to Democracy: A Conceptual Framework for Liberation*, (Boston: Albert Einstein Institution, 2003).

[4] 2020年1月和3月，麦卡·怀特与作者探讨。

[5] Micah White, *The End of Protest: A New Playbook for Revolution*, (Toronto: Knopf Canada, 2016).

[6] Julie Battilana, *Power and Influence in Society,* Harvard Business School note 415-055 (2015); Julie Battilana, Marissa Kimsey, *Should You Agitate, Innovate, or Orchestrate? Stanford Social Innovation Review* (online), 2017, https://ssir.org/articles/entry/should_you_agitate_in novate_or_orchestrate.

[7] 研究已经证明了"激进的侧面效应"，在这种效应中，由于激进团体的存在，温和派团体的谈判地位得到了加强，而不是削弱。参见 Herbert H. Haines, *Black Radicalization and the Funding of Civil Rights: 1957–1970, Social Problems* 32, no. 1 [1984]: 31–43).

[8] Battilana and Kimsey, *Should You Agitate?*

[9] IPCC, *Global Warming of 1.5°C: An IPCC Special Report on the Impacts of Global Warming of 1.5°C above Pre-industrial Levels and Related Global Greenhouse Gas Emission Pathways, in the Context of Strengthening the Global Response to the Threat of Climate Change, Sustainable Development, and Efforts to Eradicate Poverty,* Valerie Masson-Delmotte et al., (eds.) (2018), https://www.ipcc.ch/sr15/.

[10] 2019年9月，西耶·巴斯泰达与作者探讨。

[11] 关于我们对气候变化不作为的心理解释，参见 George Marshall,

Don't Even Think About It: Why Our Brains Are Wired to Ignore Climate Change (New York: Bloomsbury, 2015).

［12］参见 Niall McCarthy, *The Countries Shutting Down the Internet the Most,* Forbes, August 28, 2018; Zeynep Tufekci, *Twitter and Tear Gas: The Power and Fragility of Networked Protest* (New Haven: Yale University Press, 2017).

07 互联网背景下，个人如何把握权力"风向标"

［1］Moisés Naím, *The End of Power: From Boardrooms to Battlefields and Churches to States, Why Being in Charge Isn't What It Used to Be* (New York: Basic Books, 2014), 12.

［2］Jeremy Heimans and Henry Timms, *New Power: How Power Works in Our Hyperconnected World—and How to Make It Work for You* (New York: Doubleday, 2018).

［3］*The Development of Agriculture, National Geographic Society,* August 19, 2019, http:// www .nationalgeographic.org /article /development-agriculture/; Yuval N. Harari, *Sapiens: A Brief History of Humankind*, London: Harvill Secker, 2014.

［4］Jared Diamond, *Guns, Germs, and Steel: The Fates of Human Societies* (New York: W. W. Norton, 1999).

［5］David I. Howie, *Benedictine Monks, Manuscripts Copying, and the Renaissance: Johannes Trithemius' «De Laude Scriptorum»* Revue Bénédictine 86, no. 1–2 (1976): 129–154.

［6］Elizabeth L. Einstein, *The Printing Press as an Agent of Change* (Cambridge, UK: Cambridge University Press, 1980).

［7］L. B. Larsen et al., *New Ice Core Evidence for a Volcanic Cause of the*

A.D. 536 Dust Veil, *Geophysical Research Letters* 35, no. 4 (2008).

［8］Greg Williams, *Disrupting Poverty: How Barefoot College Is Empowering Women through Peer-to-Peer Learning and Technology, Wired UK*, March 7, 2011, https://www.wired.co.uk/article/disrupting-poverty.

［9］2020年12月，梅根·法隆与作者探讨。

［10］René Descartes, *A Discourse on Method,* trans. John Veitch (London: J. M. Dent, 1912), 49.

［11］科学的方法是通过观察和对可证伪的假设的严格检验来获得关于世界的知识。

［12］Meghan Bartels, *How Do You Stop a Hypothetical Asteroid From Hitting Earth? NASA's On It, Space.com,* May 2, 2019, https://www.space.com/asteroid-threat-simulation-nasa-deflection-idea.html.

［13］Keenan Mayo, Peter Newcomb, *The Birth of the World Wide Web: An Oral History of the Internet, Vanity Fair,* July 2008, https://www.vanityfair.com/news/2008/07/internet200807.

［14］Naím, *The End of Power;* Heimans, Timms, *New Power.*

［15］Joshua Gans, Andrew Leigh, *Innovation + Equality: How to Create a Future that is More Star Trek Than Terminator* (Cambridge, MA: The MIT Press, 2019): 7.

08　捍卫你的权力

［1］Simonetta Adorni Braccesi, Mario Ascheri, eds., *Politica e Cultura nelle Repubbliche Italiane dal Medioevo all'Età Moderna: Firenze, Genova, Lucca, Siena, Venezia,* (Rome: Istituto storico italiano per l'Età Moderna e Contemporanea, 2001); William Marvin Bowsky, *A Medieval Italian Commune:*

Siena Under the Nine, 1287–1355 (Berkeley: University of California Press, 1981).

［2］Mario Ascheri, *La Siena del "Buon Governo" (1287–1355),* Adorni Braccesi, Ascheri, *Politica e Cultura nelle Repubbliche Italiane,* 81–107.

［3］Cameron Anderson, Sebastien Brion, *Perspectives on Power in Organizations, Annual Review of Organizational Psychology and Organizational Behavior* 1, no. 1 (2014): 67–97; Peter Fleming, André Spicer, *Power in Management and Organization Science, Academy of Management Annals* 8, no. 1 (2014): 237–298.

［4］2019 年 4 月和 2020 年 10 月，艾伦·奥乔亚与作者探讨。

［5］Raj Chetty et al., *Race and Economic Opportunity in the United States,* NBER working paper 24441 (2018); Cecilia L. *Ridgeway, Framed by Gender: How Gender Inequality Persists in the Modern World* (Oxford: Oxford University Press, 2011).

［6］John Matthew Amis, Johanna Mair, Kamal Munir, *The Organizational Reproduction of Inequality, Academy of Management Annals* 14, no. 1 (2020): 195–230.

［7］Michael L. Coats, *Michael L. Coats—NASA, Johnson Space Center, Diversity Journal,* March 12, 2012, https://diversityjournal .com /7663-mi chael-l-coats-nasa-johnson-space-center/.

［8］David Thomas, Robin Ely, *Making Differences Matter: A New Paradigm for Managing Diversity, Harvard Business Review* 74, no. 5 (1996): 79–90.

［9］Robin J. Ely, David A. Thomas, *Getting Serious About Diversity: Enough Already with the Business Case, Harvard Business Review* 98, no. 6

(2020): 114–122.

［10］参见 Sheryl Sandberg, *Lean In: Women, Work, and the Will to Lead* (New York: Knopf, 2013).

［11］Rosabeth Moss Kanter, *Men and Women of the Corporation* (New York: Basic Books, 2010).

［12］更多关于"象征意义"的文化偶然性，参见 Catherine J. Turco, *Cultural Foundations of Tokenism: Evidence from the Leveraged Buyout Industry, American Sociological Review* 75, no. 6 (2010): 894–913.

［13］Alicia DeSantola, Lakshmi Ramarajan, Julie Battilana, *New Venture Milestones and the First Female Board Member, Academy of Management Best Paper Proceedings* (2017).

［14］Carolyn Wiley and Mireia Monllor-Tormos, *Board Gender Diversity in the STEM&F Sectors: The Critical Mass Required to Drive Firm Performance, Journal of Leadership & Organizational Studies* 25, no. 3 (2018): 290–308.

结论　每个人都可以是权力的拥有者

［1］John Rawls, *A Theory of Justice* (Cambridge, MA: Harvard University Press, 1971).

［2］对当代正义的论述和理论，也囊括了对过去工作的综述。参见 Iris Marion Young, *Justice and the Politics of Difference* (Princeton, NJ: Princeton University Press, 1990); Michael J. Sandel, *Justice: What's the Right Thing to Do?* (New York: Farrar, Straus and Giroux, 2009); Amartya Kumar Sen, *The Idea of Justice,* (Cambridge, MA: Harvard University Press, 2009); Mathias Risse, *On Global Justice* (Princeton, NJ: Princeton University Press, 2012).

［3］Karl Polanyi, *The Great Transformation: The Political and Economic*

Origins of Our Time, 2nd Beacon Paperback ed., (Boston, MA: Beacon Press, 2001).

［4］Michèle Lamont, *Addressing Recognition Gaps: Destigmatization and the Reduction of Inequality, American Sociological Review* 83, no. 3 (2018): 419-444.

［5］Michèle Lamont, *The Dignity of Working Men: Morality and the Boundaries of Race, Class, and Immigration, Revised edition* (New York: Harvard University Press, 2002); Mark Carney, *Value(s): Building a Better World for All*, (Penguin Random House of Canada, 2021).

［6］Lakshmi Ramarajan, *Past, Present and Future Research on Multiple Identities: Toward an Intrapersonal Network Approach, Academy of Management Annals* 8, no. 1 (2014): 589–659.

［7］Fabrizio Ferraro, Jeffrey Pfeffer, and Robert I. Sutton, *Economics Language and Assumptions: How Theories Can Become Self-Fulfilling, Academy of Management Review* 30, no. 1 (2005): 8–24; Michèle Lamont, *From "Having" to "Being" : Self-Worth and the Current Crisis of American Society, The British Journal of Sociology* 70, no. 3: 660–707; *American Sociological Review* 83, no. 3 (2018): 419–444.

［8］Elizabeth Anderson, *Value in Ethics and Economics*, (Cambridge, MA: Harvard University Press, 1993).